国語《こくご》おもしろ発見《はっけん》クラブ

きみの日本語《にほんご》、
だいじょうぶ？

語《ご》源《げん》

山口理 著

はじめに

この巻《かん》では、「語源《ごげん》」について楽《たの》しく勉強《べんきょう》しよう。「語源《ごげん》」というのは「言葉《ことば》のはじまり」のことだよ。えっ、そんなの調《しら》べるのなんか、ちょろい、だって？ それじゃ、その「ちょろい」って、どうやって生《う》まれた言葉《ことば》なんだろう。ぼくたちはいつも、たくさんの言葉《ことば》を当《あ》たりまえのように使《つか》っているよね。だけど、どうしてそんな言葉《ことば》になったのかについて考《かんが》えることは、あまりないんじゃないかな。

さて、「ちょろい」だけど、この言葉《ことば》の意味《いみ》は、「とてもかんたん」「たやすくできる」ということだ。それでは語源《ごげん》は…というと、こうなるのさ。

「ちょろ」というのは、江戸時代《えどじだい》に瀬戸内海《せとないかい》を中心《ちゅうしん》に使《つか》われていた和船《わせん》（日本《にほん》の船《ふね》）のことだ。その多《おお》くが長《なが》さ六〜七メートルくらいの大《おお》きさで、幅《はば》は一メートルちょっとの小形船《こがたせん》だった。「ちょろ」のほとんどが物《もの》を運《はこ》んだり、漁船《ぎょせん》として使《つか》われていたんだよ。この船《ふね》は小型《こがた》で、海《うみ》の上《うえ》をとても速《はや》く走《はし》っていたらしいんだ。「ちょろちょろ」とね。それに小型船《こがたせん》だったから、あやつるのがとてもかんたんだった。そこで、かんたん＝ちょろい、というわけだね。それから「ちょろ」には、こんなおまけの話《はなし》もついている。

あまりいい言葉《ことば》じゃないけど、「ちょろまかす」っていう言葉《ことば》があるだろう？ これは、「その場《ば》しのぎのうそを言《い》って、その場《ば》からのがれる」という意味《いみ》なんだ。つまり「ちょろを負《ま》かすくらいサッとすばやく逃《に》げる」という意味《いみ》から生《う》まれた言葉《ことば》なんだよ。

どうかな？　こういうふうに言葉《ことば》のルーツをたどっていくと、いろいろな裏話《うらばなし》や言《い》い伝《つた》えがあって、それらが微妙《びみょう》にからみあっている。ふだんなにげなく使《つか》っている「ありがとう」「おやつ」「なぞなぞ」…。さまざまな言葉《ことば》に、それぞれの誕生物語《たんじょうものがたり》があるんだよ。そしてその言葉《ことば》も、きみたちと同《おな》じように成長《せいちょう》し、変化《へんか》していく。その足跡《そくせき》をたどっていくのは、とても興味深《きょうみぶか》く、そして楽《たの》しいことなんだ。

外国《がいこく》の人《ひと》がよく「日本語《にほんご》はむずかしい」という。たしかに、ものの数《かぞ》え方《かた》や季節《きせつ》の名前《なまえ》など、ふくざつな言葉《ことば》はたくさんあるね。さらにひらがな、カタカナ、漢字《かんじ》、おまけにローマ字《じ》まで登場《とうじょう》する。なるほどむずかしそうだ。けれど、いったん身《み》につければ、ふくざつだからこそ、ゆたかで味《あじ》わいのある言葉《ことば》の世界《せかい》がそこに生《う》まれる。「言葉《ことば》なんか通《つう》じればいいんだ」。そう思《おも》う人《ひと》もいるだろう。でも、日本人《にほんじん》が長《なが》い年月《ねんげつ》をへて生《う》み出《だ》し、育《そだ》ててきた日本《にほん》語《ご》は、どの国《くに》の言葉《ことば》にもおとらない、奥深《おくぶか》くてすてきな表現《ひょうげん》に満《み》ちあふれているんだよ。

人間《にんげん》がほかの生《い》きものと大《おお》きくちがうのは、「言葉《ことば》を使《つか》うこと」だ。人《ひと》がその言葉《ことば》を使《つか》うようになってから、長《なが》い長《なが》い年月《ねんげつ》が流《なが》れすぎた。そのあいだに、語源《ごげん》がよくわからなくなってしまった言葉《ことば》や、いくつかの説《せつ》があって、どれが本当《ほんとう》の語源説《ごげんせつ》なのかわからないままの言《こと》葉《ば》などもある。この本《ほん》では、そんな説《せつ》のなかから、最《もっと》もふさわしいと判断《はんだん》したものを取《と》り上《あ》げることにしたよ。じつは言葉《ことば》の世界《せかい》って、なぞだらけなんだ。ところで、「なぞ」の語源《ごげん》ってなんだっけ？「国語《こくご》おもしろ発見《はっけん》クラブ」の三人《にん》といっしょに調《しら》べてみよう。

もくじ

登場《とうじょう》キャラクター

カトリーヌ
（フランスからの留学生《りゅうがくせい》）

クラブの部長《ぶちょう》。言葉《ことば》の知識《ちしき》はピカ一《いち》。
するどい質問《しつもん》で、
先生《せんせい》をたじたじとさせる。

先生《せんせい》〈和《わ》戸《ど》一《いち》太《た》郎《ろう》〉
（クラブの顧問《こもん》）

子《こ》どものころから「言葉《ことば》」について
興味《きょうみ》を持《も》ち、研究《けんきゅう》を続《つづ》けている
やさしい先生《せんせい》。

シューイン〈秀英《シューイン》〉
（中国《ちゅうごく》からの留学生《りゅうがくせい》）

ひょうきんでやさしいけれど、
かなりのんきな性格《せいかく》。
言葉《ことば》の知識《ちしき》もなかなかのもの。

ジョン
（アメリカからの留学生《りゅうがくせい》）

言葉《ことば》についてはくわしいが、
ときどき知《し》ったかぶりをして、
みんなをあきれさせる。

著者●山口《やまぐち》　理《さとし》

千葉県在住。大学在学中に、高校で代用教員として国語の教鞭を執る。のちに千葉県内の小学校教員として勤務したあと、執筆生活に入る。創作、ノンフィクション、評論、教育書と幅広く執筆し、講演活動も積極的に行っている。日本語関係の著書も多く、代表的なものに『準備いらずのクイックことば遊び』『準備いらずのクイック漢字遊び』（共にいかだ社）、『まんがで学ぶ四字熟語』『まんがで学ぶ語源』『まんがで学ぶ同音語』『まんがで学ぶ慣用句』（いずれも国土社）などがある。
日本児童文学者協会、および日本ペンクラブ会員。

カバーイラスト●榊原唯幸《さかきばらただゆき》

神奈川県横浜市在住。広告制作会社に勤務ののち、フリーのイラストレーターとして活動。作品に、Tokyo Disneyland ガイドマップ。「モノづくり解体新書」シリーズ（日刊工業新聞社）、「しらべ学習に役立つ日本の歴史」シリーズ（小峰書店）などがある。

本文イラスト●手丸《てまる》かのこ

埼玉県在住。第 29 回小学館新人コミック大賞佳作デビュー。おもな作品に『ポップコーン天使《エンジェル》』『おれたちロケット少年《ボーイズ》』『からだのしくみ大冒険』（共に子どもの未来社）『燃料電池のひみつ』（学習研究社）など。

気《き》になる言《こと》葉《ば》の語《ご》源《げん》 I

あいにく

募金《ぼきん》お願《ねが》いします
十円《えん》でも いいんです お願《ねが》いします
あら、そう じゃあ
おつり もらえる かしら
え、ええ いいですよ
あいにく、細《こま》かいのが なくて
ハイ 一万《まん》円《えん》
おつり、九千九百 九十円《えん》 くださいな
お母《かあ》さん やめてよう

意《い》味《み》

相手《あいて》の期待《きたい》や願《ねが》いにそえず、それに応《おう》じてあげられない。そんなときに使《つか》う言葉《ことば》。

語《ご》源《げん》

漢字《かんじ》で「生憎《あいにく》」と書《か》くが、「生」は当《あ》て字《じ》。もともとは「あやにく」といったが、近世《きんせい》になって「あいにく」に変化《へんか》した。「あや」は「ああ」という意味《いみ》の感動詞《かんどうし》。「にく」は「憎《にく》らしい」の意味《いみ》。つまり「生《あい》憎《にく》」は、「ああ、憎《にく》らしい」という意味《いみ》だった。それが残念《ざんねん》に思《おも》うこと全般《ぜんぱん》をさす言葉《ことば》として使《つか》われるようになり、「あいにくの天気《てんき》」などというようになった。

使《つか》い方《かた》

友《とも》だちと遊園地《ゆうえんち》に行《い》く予定《よてい》だったのに、あいにくの雨《あめ》で中止《ちゅうし》になってしまった。

カトリーヌ
「あいにく」って、肉屋《にくや》さんで売《う》ってるのかと思《おも》っちゃった。

シューイン
それは「合《あ》い挽《び》き」ですよ。

先生
古典《こてん》の名作《めいさく》である『蜻蛉日記《かげろうにっき》』の中《なか》に「時雨《しぐれ》といふ《う》ばかりにもあらず、あやにくにあるに」という文章《ぶんしょう》があるんだ。これは「せっかく外出《がいしゅつ》しようと思《おも》ったら、雨《あめ》が降《ふ》ってしまって出《で》かけられない。ああ、憎《にく》らしい」という意味《いみ》さ。

ジョン
「あいにく」のもとになった「あやにく」って言葉《ことば》が出《で》てくるな。

カトリーヌ
黄色《きいろ》の色鉛筆《いろえんぴつ》を忘《わす》れたから、近《ちか》くの友《とも》だちに借《か》りようと思《おも》ったら、「わたしもないの。おあいにくさま」って言《い》われちゃった。いやな感《かん》じ。

シューイン
そういう、いやみな言《い》い方《かた》にも使《つか》いますよね。

赤《あか》の他人《たにん》

近所《きんじょ》で泥棒《どろぼう》がつかまったぜ
まぁ
みにいこう
ワー
ワー
おい
きみも犯人《はんにん》の仲間《なかま》か
わ〜っ
とんでもない赤《あか》の他人《たにん》です
ジョンて…やっぱりあやしい顔《かお》してるのね〜
まっ赤《か》になっておこってる
本当《ほんとう》のまっ赤《か》な他人《たにん》だ
すみません

意味《いみ》

縁《えん》もゆかりもない、まったくの他人《たにん》。

語源《ごげん》

「赤《あか》」は言葉《ことば》を強調《きょうちょう》する意味《いみ》で使《つか》われ、「まるっきり」「ぜんぜん」「すっかり」「あきらか」といった意味《いみ》を持《も》っている。つまり、「まったくの他人《たにん》で、なんのつながりもない人物《じんぶつ》」ということになる。また「赤《あか》」は「明《あか》るい」で、「夜《よる》が明《あ》ければ、物《もの》がはっきりと見《み》えるようになる」ところからきた言葉《ことば》だという説《せつ》もある。

使《つか》い方《かた》

落《お》としたハンカチを、近《ちか》くにいた男《おとこ》の子《こ》が拾《ひろ》ってくれた。それを見《み》ていたおばさんが、「おや、ボーイフレンドかい?」と言《い》うので、「いいえ、**赤《あか》の他人《たにん》です**」と答《こた》えた。

どうして「赤《あか》」でなくちゃいけないんだ。黒《くろ》でも、青《あお》でもいいだろうよ。

これは、色《いろ》の問題《もんだい》ではないのです。

そうよ。「あきらかに」という意味《いみ》に引《ひ》っかけた言《こと》葉《ば》だから、「赤《あか》」でなくちゃおかしいでしょ?

それじゃ、ほかにも「赤《あか》」を使《つか》った言葉《ことば》があるか?

あります。「赤《あか》っぱじ」。これは「すごいはじ」という意味《いみ》ですね。

「まっ赤《か》なうそ」っていうのも、「まるっきりうそ」ということよね。

ちょっとむずかしい言葉《ことば》に「赤裸々《せきらら》」というのがあって、これも「包《つつ》みかくさず」「ありのまま」「あからさま」という意味《いみ》なんだよ。

あかんべえ

あかんべえ
コラッ
ジョン 待《ま》ちなさい!!
保健室
べー
おや きみの目《め》
赤《あか》くないね… 目《め》の病気《びょうき》かもしれない
さっそくお医者《いしゃ》さんに行《い》こう
や〜〜っ
いやだ〜 助《たす》けて〜!! カトリーヌ
あかんべえ

意味《いみ》

相手《あいて》をからかったりするときのしぐさ。指《ゆび》で自分《じぶん》の下《した》まぶたを引《ひ》き下《さ》げて、赤《あか》い部分《ぶぶん》を相手《あいて》に見《み》せること。「おかんべ」「あかんべい」「あっかんべえ」などともいう。

語源《ごげん》

指《ゆび》で下《した》まぶたをめくると、そこが赤《あか》く見《み》える。つまり、目《め》の赤《あか》い部分《ぶぶん》が見《み》えるので、「赤目《あかめ》」。それが「あかべ」、さらに「あかんべえ」と変化《へんか》してできた言葉《ことば》。同《おな》じしぐさをして「べっかんこう」ということもある。

使《つか》い方《かた》

ジョンが黒板《こくばん》にいたずら書《が》きをしていたので注意《ちゅうい》をしたら、**あかんべえ**をして逃《に》げていった。

ジョン

あかんべえが、「赤《あか》い目《め》」だとは思《おも》わなかったぜ。

シューイン

中国《ちゅうごく》ではむかしから「赤《あか》い色《いろ》には魔物《まもの》を追《お》いはらう力《ちから》がある」と考《かんが》えられています。

先生

それは日本《にほん》でも同《おな》じだよ。それが魔物《まもの》に対《たい》してだけではなく、人間《にんげん》に対《たい》しても「きらいだ」「近寄《ちかよ》るな」というサインになったのさ。

カトリーヌ

「あかんべえ」じゃなくて、ただ、「べえ～」っていうこともあるわね。

先生

それをするときにはたいてい舌《した》を出《だ》すよね。これは世界共通《せかいきょうつう》なんだ。赤《あか》ちゃんが口《くち》の中《なか》にいやなものが入《はい》ったとき、舌《した》で外《そと》に押《お》し出《だ》すしぐさからきたと考《かんが》えられているんだよ。

カトリーヌ

へえ～。

あっぱれ

わーっ
すごい
ジョン ぶっちぎりの 一位《い》ね
いやあ、あっぱれ
ちょっと待《ま》って、ジョンくんは コースを まちがえて ましたよ
えーっ
ピーッ
いやあ、コースを まちがえても 堂々《どうどう》とゴール するなんて、やっぱり あっぱれだよ
シラ〜
あんまり フォローに なってない わね

意味《いみ》

すばらしくすぐれている様子《ようす》。「よくやった」とほめるほめ言葉《ことば》。

語源《ごげん》

「あわれ」が変化《へんか》した言葉《ことば》。もともと「あわれ」は、強《つよ》い感情《かんじょう》を持《も》ったときに使《つか》う言葉《ことば》で、とても悲《かな》しいとき、とてもうれしいときなどに「あわれ～なこと」などと使《つか》っていた。それが時代《じだい》がたつにつれ、「あわれ」は悲《かな》しいとき、気《き》の毒《どく》に思《おも》うときに使《つか》われ、ほめるときにはそれを「あっぱれ」と変化《へんか》させて使《つか》い分《わ》けるようになった。

使《つか》い方《かた》

テストで百点《てん》を取《と》ったら、おじいちゃんが「いやあ、あっぱれ」と、ほめてくれた。

カトリーヌ

「あわれ」っていうと、かわいそうとか悲《かな》しいっていうひびきがあるわね。

シューイン

「しみじみとした」という意味《いみ》もありますよ。

ジョン

いま使《つか》われている意味《いみ》とは、だいぶちがっていたんだな。

先生

そうだね。それだけ「あわれ」という言葉《ことば》が、もとは幅広《はばひろ》い意味《いみ》を持《も》っていたということだよ。

ジョン

サッカーの試合《しあい》で、相手《あいて》がきれいなゴールをきめたときに、コーチが「敵《てき》ながらあっぱれ！」って言《い》ってたな。

カトリーヌ

くやしいけれどおみごと、っていう意味《いみ》なのね。

先生

大《おお》むかしの平安時代《へいあんじだい》には、「あふぁれ」なんて発音《はつおん》していたそうだよ。

油《あぶら》を売《う》る

あれ、あの人《ひと》、マンガ読《よ》んでさぼってる
おじさん油《あぶら》を売《う》ってるんだね
マンガ
え…油《あぶら》?
ハハハハ
わたしは化粧品《けしょうひん》を売《う》ってるんですよ
マンガ
そこのかわいいおじょうさん
え♥
お一つ いかがですか?
さあ行《い》きますよ
一つほし～い

意味《いみ》

さぼること。むだ話《ばなし》をして時間《じかん》をつぶし、自分《じぶん》のやるべきことをなまけること。

語源《ごげん》

江戸《えど》時代《じだい》、油売《あぶらう》りを商売《しょうばい》にしている人《ひと》が、客《きゃく》を相手《あいて》に世間話《せけんばなし》をしながら油《あぶら》を売《う》っていたことが語源《ごげん》。油売《あぶらう》りはひしゃくを使《つか》ってお客《きゃく》の用意《ようい》した器《うつわ》に油《あぶら》を移《うつ》すのだが、ひじょうにねばりけがあり、なかなかしずくが切《き》れない。そのあいだ、世間《せけん》話《ばなし》などをして時間《じかん》をつぶしていたことから、この言葉《ことば》が生《う》まれた。この油《あぶら》はおもに、あんどん（小型《こがた》の照明具《しょうめいぐ》）に使用《しよう》した。

使《つか》い方《かた》

買《か》いものをたのんだのに、まだ帰《かえ》ってこない。またどこかで油《あぶら》を売《う》ってるんだな。

ジョン

油売《あぶらう》りなんて、むかしの日本《にほん》には、おもしろい商売《しょうばい》があったんだな。

シューイン

当時《とうじ》、ロウソクはとても値段《ねだん》が高《たか》くて、庶民《しょみん》の手《て》には入《はい》りにくかったようですよ。

カトリーヌ

でもこの油売《あぶらう》りの人《ひと》、ちゃんと仕事《しごと》をしているんでしょ？　だったら「油《あぶら》を売《う》る」ことを「さぼる」っていうのは、ちょっとひどいわねえ。

先生

いいところに気《き》がついたね。たしかにむだに時間《じかん》をかけていたわけじゃないんだけど、つまらない世間話《せけんばなし》で時間《じかん》をつぶしている姿《すがた》が、そばで見《み》てると、まるでなまけているように見《み》えたんだろうね。

シューイン

油《あぶら》の訪問販売《ほうもんはんばい》なんて、いかにも江戸時代《えどじだい》らしく、のんびりしていていいですね。

カトリーヌ

よく似《に》た意味《いみ》の言葉《ことば》は、「さぼる」「ずるける」「手《て》を休《やす》める」などかなあ。

あまのじゃく

本当《ほんとう》は温泉《おんせん》より
キャンプが
よかったのに
うわぁ
熱《あつ》い
この温泉《おんせん》
熱《あつ》いなあ
熱《あつ》くないね
こんなの
フン
わー
旅館《りょかん》の
窓《まど》から見《み》える
景色《けしき》がとても
きれいねー
きれいだろ
ジョン
うちの
カレンダーの
写真《しゃしん》のほうが
もっときれい
だね
フン
わー
おいしそうな
料理《りょうり》ー!!
ジョンは
あまのじゃく
なんだから
食《た》べなくても
いいのよ
くそっ

意味《いみ》

人《ひと》の言《い》うことやすることに、わざとさからうひねくれ者《もの》。素直《すなお》でないこと。

語源《ごげん》

古代《こだい》の神話《しんわ》に「天探女《あまのさぐめ》」という、心《こころ》のまがった女神《めがみ》がいた。あるとき、天《てん》からの使《つか》いのキジを「この鳥《とり》は不吉《ふきつ》です。殺《ころ》しましょう」と、主《あるじ》の天雅彦《あめのわかひこ》に進言《しんげん》して殺《ころ》させてしまった。やがて心《こころ》のねじまがったひねくれ者《もの》のことを「あまのさぐ」、そして「あまのじゃく」というようになった。

使《つか》い方《かた》

家族《かぞく》みんなでお好《この》み焼《や》きを「おいしい」と言《い》って食《た》べているのに、弟《おとうと》だけが「駅前《えきまえ》のお好《この》み焼《や》き屋《や》のほうがずっとおいしいよ」と言《い》う。なんて、**あまのじゃく**なんだ。

ジョン

おれ、「天邪鬼《あまのじゃく》」っていう漢字《かんじ》をどこかで見《み》たことがあるぜ。

シューイン

それは字《じ》からもわかるように「鬼《おに》」です。

カトリーヌ

そうそう。人《ひと》の心《こころ》を読《よ》み、いたずらをしかけてきたりする、子《こ》ども鬼《おに》なんですって。

先生

そうだよ。天邪鬼《あまのじゃく》のもとのイメージが、天探女《あまのさぐめ》だとされているんだ。また天邪鬼《あまのじゃく》の祖先《そせん》に、天逆毎《あまのざこ》という女神《めがみ》がいたともいう。とてもわがままな性《せい》格《かく》で、気性《きしょう》が荒《あら》く、自分《じぶん》の思《おも》いどおりにならないと大《おお》あばれしたそうだよ。

シューイン

漢字《かんじ》からすると、ものごとをさかさにしないと気《き》が済《す》まないひねくれ者《もの》みたいですね。

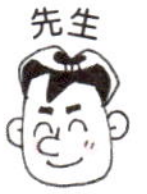
先生

そこも「あまのじゃく」の意味《いみ》とつながってくるね。よく似《に》た意味《いみ》の言葉《ことば》に「お天気屋《てんきや》」「つむじまがり」などがあるよ。

いかさま

夕食《ゆうしょく》にお寿司《すし》をとったわよ
わー
え～ここで手品《てじな》をお見《み》せします
ここにあるアジのお寿司《すし》を
大《おお》トロに変《か》えてみせまーす
サッ
わくわく
ワン ツー スリー
ハイッ
なーんだ大《おお》トロじゃなくて、イカに変《か》わっただけじゃん
いかさまだ～
でも、これもすごい手品《てじな》ですね
うん、イカに変《か》えるなんていかさまじゃなくて、イカした手品《てじな》だ

意味《いみ》

インチキ。本物《ほんもの》に見《み》せかけた、にせものの。いつわり。ペテン。

語源《ごげん》

いかさまの「いか」は、「いかがですか？」というときの「いか」で、「さま」は様子《ようす》を意味《いみ》する「様《さま》」のこと。この「いか」に「さま」が足《た》されて「いかさま」になった。もともとは「どんな様子《ようす》」などの意味《いみ》で使《つか》われていたが、やがて「いかにもそのとおり」という意味《いみ》になり、さらに「（にせものだが）いかにも本物《ほんもの》だ」という意味《いみ》に変化《へんか》した。

使《つか》い方《かた》

超能力《ちょうのうりょく》でスプーンをまげるって？　いかさまじゃないか。

カトリーヌ　「いか」と「さま」で「どのように」なのね。

ジョン　おれ、日本《にほん》に来《き》ておぼえた『ふるさと』の歌詞《かし》がさっぱりわかんなくて、とくに「いかにいます父《ちち》母《はは》」っていうところがさっぱりだった。

カトリーヌ　でも、きょうわかったわね。「どのようにすごしていますか」という意味《いみ》よね。

先生　よくわかったね。日本人《にほんじん》でも「どこにいますか」って訳《やく》してしまう人《ひと》が多《おお》いらしいんだ。

ジョン　それはわかったけど、いかさまって言葉《ことば》は、人《ひと》のことをさすのかい？

先生　人《ひと》の場合《ばあい》はよく「このいかさま野郎《やろう》！」などと言《い》うね。いかさまというのは、その「行為《こうい》」のこと。「したこと」をさす場合《ばあい》が多《おお》いんだ。

いたちごっこ

カトリーヌの家《いえ》に
あそびに来《き》た
ジョンとシューイン
あっ
このマンガ
見《み》せて
うん
このゲーム
やらせて
ドドドド…
あっ
ゴメン
わっ
こっちも
バサバサ
ゴメン
ジュース
こぼした
えーっ
こっちも
こぼした
んもう、
これじゃ
いたちごっこで
きりがないわ
いいかげんに
してちょう
だい!!

意味《いみ》

両方《りょうほう》が同《おな》じことをくり返《かえ》すだけで、少《すこ》しも進展《しんてん》しないこと。きりがないこと。

語源《ごげん》

もとは江戸時代《えどじだい》に流行《りゅうこう》した子《こ》どものあそびから。たがいに向《む》かい合《あ》って相手《あいて》の手《て》の甲《こう》をつねり、その上《うえ》に自分《じぶん》の手《て》の甲《こう》をのせて、また同《おな》じことをくり返《かえ》す。そのとき「いたちごっこ、ねずみごっこ」と唱《とな》えながらあそんだ。このあそびから、いつまでたってもきりがないことを、「いたちごっこ」といった。

使《つか》い方《かた》

カラスが種《たね》をほじる。追《お》いはらうと、野良《のら》犬《いぬ》がきて、土《つち》をほじっている。一方《いっぽう》を追《お》えば、また一方《いっぽう》が…。まるで、**いたちごっこ**だ。

カトリーヌ

「ごっこ」ってつくことからも、子《こ》どものあそびだったということがわかるわね。

ジョン

「ごっこ」っていうのは「事《こと》」からできた言葉《ことば》なんだぜ。エヘン。

シューイン

べつにいばるほどのことじゃありません。だけどどうして「いたち」と「ねずみ」なんでしょう。とらとかばだっていいと思《おも》うのに。

カトリーヌ

それはむかしから、いたちやねずみが身近《みぢか》な動物《どうぶつ》だったからじゃない？

先生

そのとおり。手《て》の甲《こう》をつねるしぐさが、いたちやねずみがかみつく姿《すがた》に似《に》ていたからなんだ。またいたちやねずみは、大切《たいせつ》な農作物《のうさくぶつ》を荒《あ》らす困《こま》った動物《どうぶつ》で、駆除《くじょ》したいという意味《いみ》もあったんだよ。

ジョン

似《に》ている言葉《ことば》に「空回《からまわ》り」「一進一退《いっしんいったい》」があるぜ。

うちょうてん

あれ、なにかはさまってる
パラッ
宝《たから》くじか！番号《ばんごう》は
宝くじ
600組
2389461
一等三億円は…600組2389461
えーっ
やったー
三億円《おくえん》～
なに、うちょうてんになって踊《おど》ってるの？
あ、それ、去年《きょねん》のはずれクジよ捨《す》てておいてね

意味《いみ》

われを忘《わす》れてしまうほどに喜《よろこ》ぶこと。天《てん》に舞《ま》い上《あ》がるほどの大《おお》きな喜《よろこ》び。ほかのことがすべてうわの空《そら》になるほどの喜《よろこ》び。

語源《ごげん》

もとは仏教《ぶっきょう》の言葉《ことば》で、「最《もっと》も上《うえ》に位置《いち》する天《てん》」のこと。すべての世界《せかい》のなかで最《もっと》も上《うえ》の場所《ばしょ》にあるという意味《いみ》で「有頂天《うちょうてん》」とよんだ。この有頂天《うちょうてん》に登《のぼ》りつめること、つまり最高《さいこう》の世界《せかい》にたどり着《つ》いたような喜《よろこ》びということから、うれしくて夢中《むちゅう》になることを「有頂天《うちょうてん》」というようになった。

使い方《つかいかた》

やった～！　テストで百点《てん》を取《と》ったぞと、**うちょうてん**になっていたら、ほかの子《こ》のテスト用紙《ようし》とまちがっていた。ガックリ。

カトリーヌ　なんだかむずかしい説明《せつめい》だわ。

シューイン　仏教用語《ぶっきょうようご》には、むずかしい言葉《ことば》が多《おお》いです。

ジョン　ようするに、「やった～っ！」って感《かん》じだろ？

先生　わかりやすくいえば、そういうことかな。

カトリーヌ　でも、語源《ごげん》がわかってみると、そうかんたんには使《つか》えない言葉《ことば》ね。

シューイン　そうです。これ以上《いじょう》ないほどの喜《よろこ》びでないと、使《つか》えないのです。

先生　そんなことはないよ。語源《ごげん》がそうだからといって、あまり深《ふか》く考《かんが》える必要《ひつよう》はないんだよ。

ジョン　「お祭《まつ》り気分《きぶん》」「天《てん》にも昇《のぼ》る心地《ここち》」あたりがよく似《に》た言葉《ことば》だな。

うろうろ

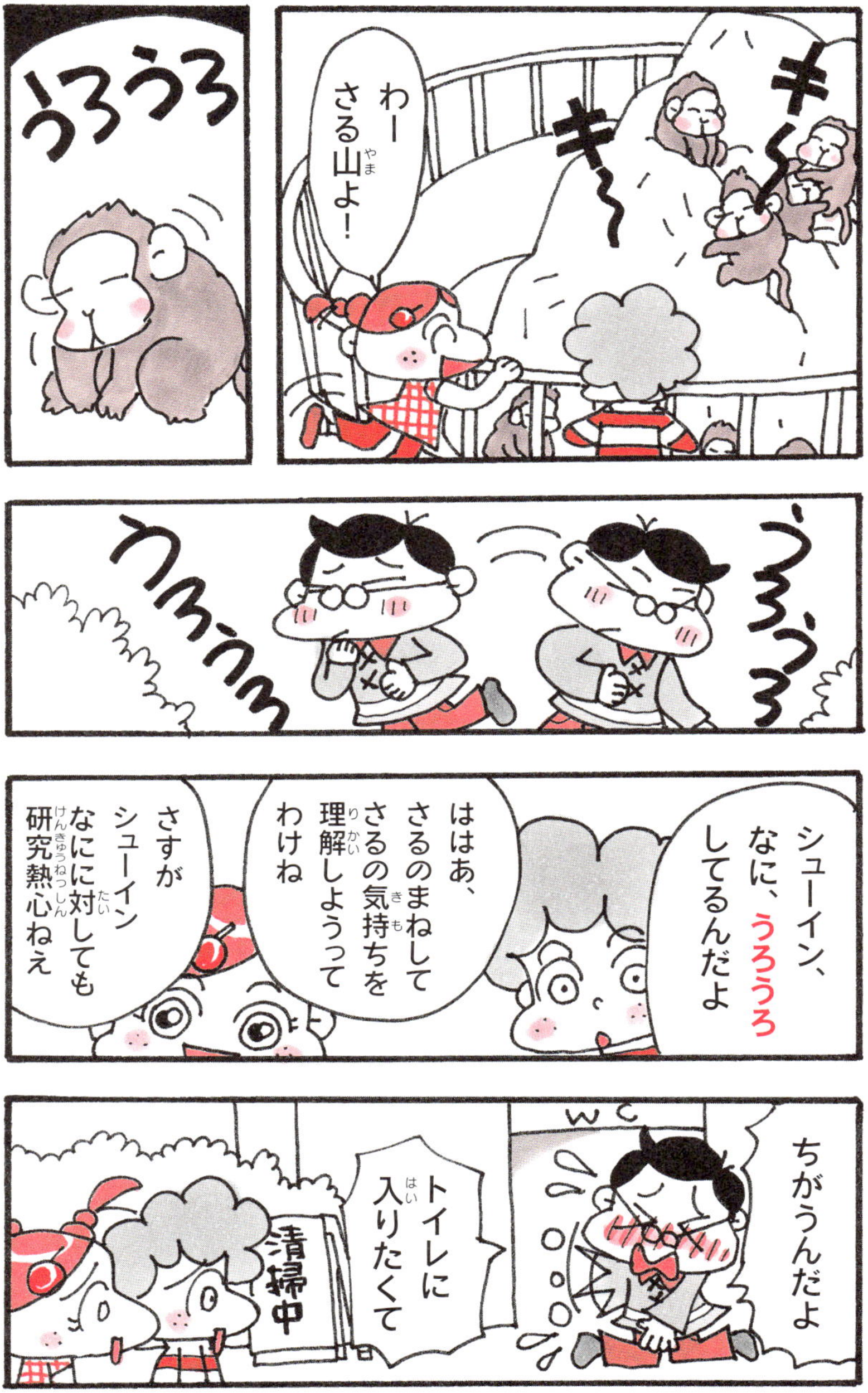
キ〜
キ〜
わー
さる山《やま》よ!
うろうろ
うろうろ
うろうろ
シューイン、
なに、うろうろ
してるんだよ
ははあ、
さるのまねして
さるの気持《きも》ちを
理解《りかい》しようって
わけね
さすが
シューイン
なにに対《たい》しても
研究熱心《けんきゅうねっしん》ねえ
WC
ちがうんだよ
トイレに
入《はい》りたくて
清掃中

意味《いみ》

どうしてよいかわからず、おちつきなく動《うご》きまわる様子《ようす》。行《い》く方向《ほうこう》が定《さだ》まらず、あっちへ行《い》ったり、こっちへ行《い》ったりすること。

語源《ごげん》

「漏《ろう》」が「有《あ》る」ということ。「漏《ろう》」とは、仏教《ぶっきょう》の言葉《ことば》で「人間《にんげん》のさまざまな欲望《よくぼう》」のこと。欲望《よくぼう》が強《つよ》すぎると、人《ひと》が人《ひと》として正《ただ》しく生《い》きる道《みち》からそれてしまう（欲《よく》望《ぼう》が漏《も》れてしまう）という意味《いみ》がこめられている。その強《つよ》すぎる欲望《よくぼう》のため、人《じん》生《せい》を生《い》きていくなかで、どちらへ進《すす》んだらよいかわからずに迷《まよ》ってしまう。その状態《じょうたい》を「有漏《うろ》」とよんだ。それが人生《じんせい》の生《い》き方《かた》に迷《まよ》うだけでなく、日常生活《にちじょうせいかつ》のなかでさまよっている様子《ようす》をも、「うろ（うろうろ）」というようになった。

もともとは仏教《ぶっきょう》の教《おし》えですからね。似《に》た言葉《ことば》に「うろたえる」というのがありますよね。あの言葉《ことば》も「うろうろ」に関係《かんけい》してるんでしょうか。

うろたえるは漢字《かんじ》で「狼狽《うろた》える」と書《か》くんだ。つまり、おおかみがさまよい歩《ある》く姿《すがた》、うろうろする様子《ようす》のことなんだ。関係《かんけい》ないとはいえないね。

「うろちょろ」っていう言葉《ことば》もあるぞ。

これも「うろうろ」が変化《へんか》してできた言葉《ことば》さ。ねずみが逃《に》げまどうときに、しっぽをチョロチョロさせている姿《すがた》からできた言葉《ことば》なんだ。「うろうろ」よりも、もっと小《こ》うるさい感《かん》じの言葉《ことば》だよね。

似《に》た言葉《ことば》に、「うろつく」「まごつく」「あたふた」などがあるわ。

ちなみに「あたふた」は、「あわてふためく」からきているね。

うんともすんとも

ハハハハハ…
ジョン どうして そうじを さぼるの？
ジョンは 都合《つごう》が 悪《わる》くなると うんとも すんとも 言《い》わなく なりますね
もうっ
こらっ、うんとか すんとか 言《い》いなさい よ！
………
じゃあ…
すん
アララ…

意味《いみ》

なにを聞《き》いても、返事《へんじ》などがまったくないこと。打《う》ち消《け》しの意味《いみ》で「うんともすんとも言《い》わない」などと使《つか》われることが多《おお》い。

語源《ごげん》

江戸時代《えどじだい》に、「ウンスンカルタ」というカードゲームが流行《りゅうこう》した。このあそびに熱中《ねっちゅう》したすべての者《もの》が、無口《むくち》になって返《へん》事《じ》をしなかった。その様子《ようす》を、「ウンスンカルタ」の「ウンスン」をとって、「うんともすんとも言《い》わない」というようになったという説《せつ》がある。

使《つか》い方《かた》

花《か》びんを割《わ》ったのはだれかと聞《き》いても、みな下《した》を向《む》いて、**うんともすんとも**言《い》わない。

ジョン

「うん」って、うなずくときに使《つか》う言葉《ことば》じゃなかったのかぁ。

シューイン

「ウン」はポルトガル語《ご》で一の意味《いみ》です。

カトリーヌ

「スン」は、最高《さいこう》という意味《いみ》よ。

シューイン

当時《とうじ》、「ウン・スン」という言葉《ことば》が大《だい》ブレークして、みんなが流行語《りゅうこうご》のようにして使《つか》っていたそうです。

先生

「うん」とか「すん」というのは、鼻《はな》から出《だ》す音《おと》と考《かんが》えられた。だから、「うんともすんとも言《い》わない」は、息《いき》さえ出《だ》さない、つまり一言《ひとこと》も話《はな》さない。そこからできた言葉《ことば》と考《かんが》える説《せつ》もあるんだよ。

カトリーヌ

似《に》た言葉《ことば》では「だまる」かしら。「口《くち》をつぐむ」というのもあるわね。「沈黙《ちんもく》」「ノーコメント」も似《に》た意味《いみ》ね。

おちゃのこさいさい

大盛り亭
これを全部《ぜんぶ》
食《た》べきったら
タダなんだって
チャレンジ大盛りチャーハン タダ
ばくばく
こんなの
おちゃのこ
さいさい
ですよ
お代《か》わりー
カラ
これを
また
食《た》べきったら
ごほうび
くれます?
作《つく》るほうは、
おちゃのこさいさい
じゃないんだぞ!

意味《いみ》

ものごとが、とてもかんたんにできること。なんの苦労《くろう》もなく、たやすくできてしまうことがら。

語源《ごげん》

「おちゃのこ」は「お茶《ちゃ》の子《こ》」と書《か》く。これはお茶《ちゃ》といっしょに出《だ》される茶菓子《ちゃがし》のことで、品《ひん》のよい、小《ちい》さな菓子《かし》であることが多《おお》い。そこでかんたんに食《た》べてしまえることのたとえになった。「さいさい」というのは、庶民《しょみん》のはやり歌《うた》の「のんこさいさい」という〝おはやし〟をもじった言葉《ことば》。

使《つか》い方《かた》

この問題《もんだい》を解《と》けって？　なんだ、おちゃのこさいさいだよ。ほら、できちゃった。

いつも自信満々《じしんまんまん》のジョンがよく使《つか》う言葉《ことば》ね。

だけど、語源《ごげん》については、はじめて知《し》ったぜ。

「茶《ちゃ》の子《こ》」というのは、戦国時代《せんごくじだい》からあった言葉《ことば》だっていわれていますよ。

公家《くげ》の山科言継《やましなときつぐ》という人《ひと》は、日記《にっき》の中《なか》で何度《なんど》も、仲《なか》のよいお坊《ぼう》さんと「茶《ちゃ》の子《こ》もちで酒《さけ》をのんだ」と書《か》いたんだ。江戸時代《えどじだい》になると、軽《かる》い朝食用《ちょうしょくよう》に、茶《ちゃ》の子《こ》もちを売《う》り歩《ある》く者《もの》がいたらしいよ。

それじゃ茶《ちゃ》の子《こ》っていうのは、単《たん》にお茶受《ちゃう》けのお菓子《かし》だけじゃなかったのね。

そう。主食《しゅしょく》の代《か》わりでもあったんだね。「さいさい」に特別《とくべつ》な意味《いみ》はなくて、言葉《ことば》の調子《ちょうし》をととのえる「それそれ」とか「はいはい」といった、合《あ》いの手《て》と同《おな》じ役割《やくわり》をしているんだ。

折《お》り紙《がみ》つき

だれだ
廊下《ろうか》に墨《すみ》をこぼしたのは!
すみません
ぼくがうっかりこぼしたようです
シューイン
よく正直《しょうじき》に言《い》った
シューインの正直《しょうじき》なことは折《お》り紙《がみ》つきだからな
じゃあゆるしていただけます?
バカモン! 完全《かんぜん》に落《お》ちるまでしっかりふいておきなさい
とほほ…
これってなかなか落《お》ちないんだよな…

意味《いみ》

物《もの》の品質《ひんしつ》や人物《じんぶつ》の才能《さいのう》などが確実《かくじつ》ですばらしいと保証《ほしょう》されること。よい評判《ひょうばん》が広《ひろ》く世《よ》の中《なか》にいきわたっていること。

語源《ごげん》

「折《お》り紙《がみ》」といっても、ツルや飛行機《ひこうき》などを折《お》ることではない。もともとは、用紙《ようし》を横半分《よこはんぶん》に折《お》った文書《ぶんしょ》のことで、平安時《へいあんじ》代《だい》の末《すえ》ごろから、手紙《てがみ》や目録《もくろく》として使《つか》われ、のちに公式《こうしき》な文書《ぶんしょ》にも使《つか》われた。江《え》戸時代《どじだい》になると、美術品《びじゅつひん》や刀剣《とうけん》などの鑑《かん》定書《ていしょ》として用《もち》いられるようになり、現代《げんだい》では、人《ひと》の才能《さいのう》など、物以外《ものいがい》でも「折《お》り紙《がみ》つき」が使《つか》われている。

使《つか》い方《かた》

あの子《こ》の足《あし》の速《はや》さは、折《お》り紙《がみ》つきだ。

シューイン：物《もの》や人《ひと》、どちらに対《たい》しても使《つか》う言葉《ことば》なんですね。

カトリーヌ：そうよ。わたしのかわいらしさは折《お》り紙《がみ》つき…、なんてね。

ジョン：はいはい。ところでこの折《お》り紙《がみ》って、どんな紙《かみ》でもよかったのかい？

先生：とんでもない。「奉書紙《ほうしょがみ》」といって、コウゾの繊維《せんい》で作《つく》られる最高級《さいこうきゅう》の和紙《わし》が使《つか》われていたんだ。

シューイン：なるほど。折《お》り紙《がみ》つきの紙自体《かみじたい》が、すでに「すごいもの」という証《あかし》でもあったのですね。

カトリーヌ：「お墨《すみ》つき」っていう言葉《ことば》もあるわね。

先生：それは、将軍《しょうぐん》や大名《だいみょう》などが家来《けらい》に領地《りょうち》をあたえる際《さい》の保証書《ほしょうしょ》に、墨《すみ》で署名《しょめい》をしたことから、「身分《みぶん》の高《たか》い人《ひと》からの保証《ほしょう》つき」という意味《いみ》になったんだ。

くしゃみ

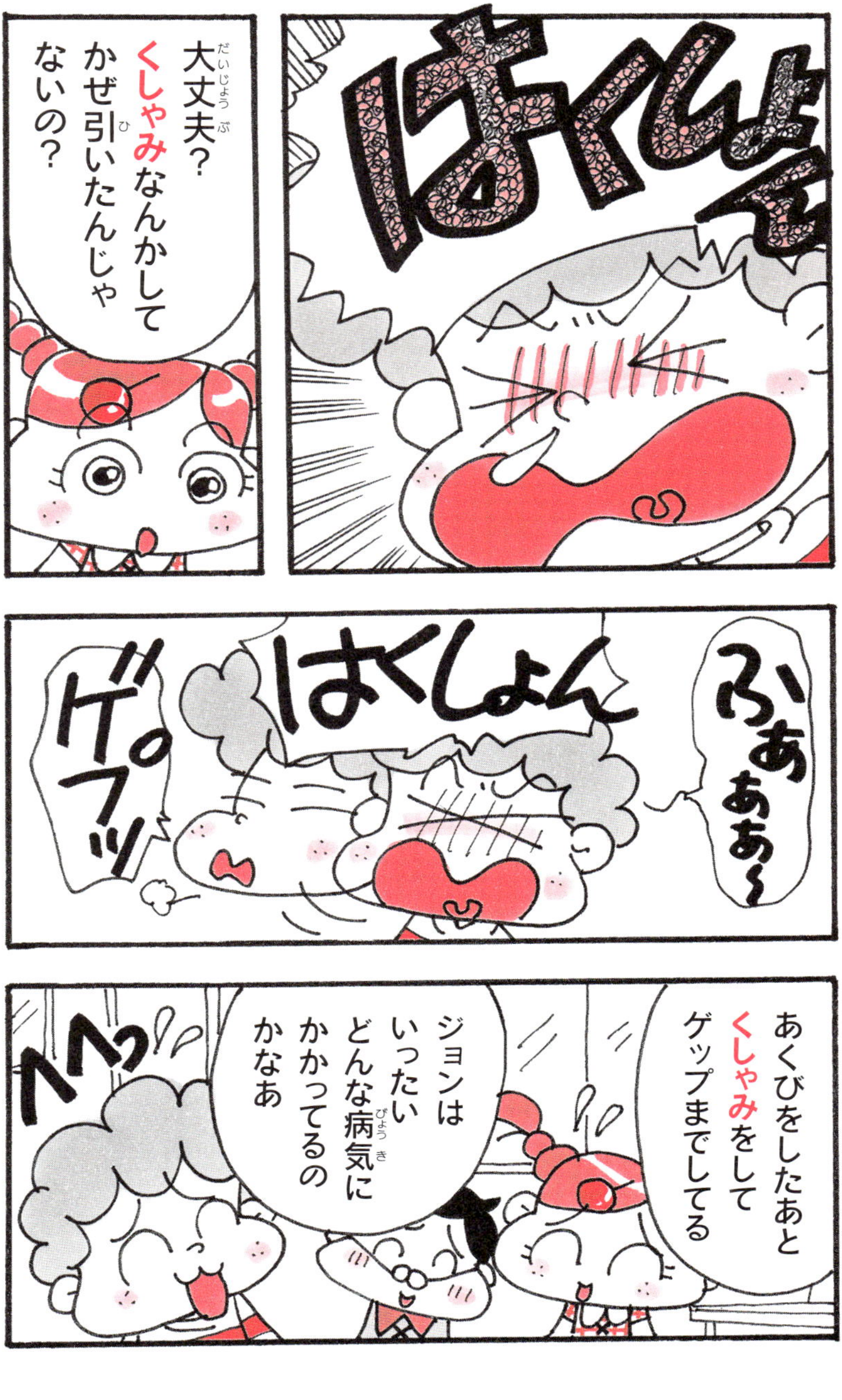
はくしょ
大丈夫《だいじょうぶ》？
くしゃみなんかして
かぜ引《ひ》いたんじゃ
ないの？
ふあああ～
はくしょん
ゲプッ
あくびをしたあと
くしゃみをして
ゲップまでしてる
ジョンは
いったい
どんな病気《びょうき》に
かかってるの
かなあ
へへっ

意味《いみ》

鼻《はな》の粘膜《ねんまく》が刺激《しげき》されて、とつぜん強《つよ》く息《いき》を吐《は》き出《だ》す人体《じんたい》の反射運動《はんしゃうんどう》。

語源《ごげん》

鎌倉時代《かまくらじだい》には、人《ひと》がくしゃみをすると周囲《しゅうい》の人々《ひとびと》は「くさめ、くさめ」と、からかい、冷《ひ》やかした。「くさめ」は、一種《いっしゅ》のはやし言葉《ことば》。この「くさめ」がなまって「くしゃみ」となった。歌舞伎《かぶき》では「くっさめ」と表現《ひょうげん》する。中世《ちゅうせい》までは、くしゃみをすると、魂《たましい》が体《からだ》からぬけ出《で》てしまい、早死《はやじ》にすると考《かんが》えられていた。

使《つか》い方《かた》

ラーメンにこしょうをたっぷりかけていたら、いきなりくしゃみが出《で》た。

ジョン

くしゃみを、文字《もじ》で書《か》くと「ハクション」だよな。

カトリーヌ

「擬音《ぎおん》」よね。それがむかしの人《ひと》は「くさめ」だったのね。

シューイン

くしゃみをすると、魂《たましい》が体《からだ》からぬけ出《で》てしまうなんて、いかにもむかしの人《ひと》らしい考《かんが》え方《かた》ですね。

先生

それからのがれるために唱《とな》えた呪文《じゅもん》が「くさめ」だったんだよ。

ジョン

そうか。くしゃみって、とつぜん出《で》るから止《と》められないもんな。うっかり出《で》ちゃったら、あわてて「くさめ、くさめ」って言《い》ったわけだな。

先生

「くさめ」は「休息万病《きゅうそくまんびょう》」を早口《はやくち》で唱《とな》えた言葉《ことば》だともいわれているんだ。似《に》た言葉《ことば》ではないけれど、口《くち》と関係《かんけい》のある生理現象《せいりげんしょう》に「げっぷ」「あくび」「せき」などがあるね。

くだらない

はい、この箱《はこ》の中《なか》から…
パンダを出《だ》しまーす
パッ
はい、パンだ
くだらないわね～
アハハハ
もう、シューインは
次《つぎ》は、スゴイぞ
パンダでーす
ジョンのやることもくだらないですね
習字《しゅうじ》の墨《すみ》なんかでぬっちゃって…
うわ～なかなか落《お》ちない

意味《いみ》

つまらないこと。価値《かち》がない。取《と》るに足《た》らない。次元《じげん》が低《ひく》くて話《はなし》にならない。

語源《ごげん》

「くだる（へりくだる）」ことをしない、相手《あいて》に敬意《けいい》をはらおうとしない人《ひと》を「くだらないやつ」といった。そのことから、つまらないこと、それだけの値打《ねう》ちがないこと、という意味《いみ》で使《つか》われるようになったという説《せつ》がある。

使《つか》い方《かた》

ぼくがソファーで本《ほん》を読《よ》んでいたら、お父《とう》さんが「また、くだらない本《ほん》を読《よ》んでいるな」ときめつけた。図書《としょ》の先生《せんせい》がすすめてくれた本《ほん》なのに。

ジョン
おばあちゃんがきのう、上京《じょうきょう》してきたんだ。

シューイン
大阪《おおさか》からですよね。どうして東京《とうきょう》へ来《く》るときには「上《のぼ》る」というんでしょう。

カトリーヌ
電車《でんしゃ》でも、東京駅《とうきょうえき》へ向《む》かう場合《ばあい》は「上《のぼ》り」。東京駅《とうきょうえき》から離《はな》れる場合《ばあい》は「下《くだ》り」っていうわよね。

先生
江戸時代《えどじだい》には、本場上方《ほんばかみがた》から江戸《えど》に送《おく》られたお酒《さけ》を「下《くだ》り酒《ざけ》」といい、江戸《えど》のお酒《さけ》は「下《くだ》らぬ酒《さけ》」とよばれていたんだ。

シューイン
そこで「まずい」「つまらない」「くだらない」となったわけですね。

先生
そう。これは有名《ゆうめい》な説《せつ》だけど、「くだらぬ」という言葉《ことば》は、どうやらそれ以前《いぜん》にも使《つか》われていたようなんだ。ほかにもいくつか説《せつ》はあるんだけどね。

からだの語源《ごげん》

目《め》

「まぶた」「まゆげ」「まつげ」など、目《め》に関《かん》係《けい》のある言葉《ことば》には「ま」が多《おお》く使《つか》われている。この「ま」が変化《へんか》して「め」になった。「目の当たりにする」は「めのあたりにする」ではなく「まのあたりにする」と読《よ》む。また「目深」も「めぶか」ではなく「まぶか」と読《よ》む。

うわっ!! 目《ま》の当《あ》たりにしちゃった…

耳《みみ》

耳《みみ》は顔《かお》の両側《りょうがわ》についていて、形《かたち》がよく似《に》ている。そのことから「似似《にに》」とよばれ、それが「みみ」に変化《へんか》して、この言葉《ことば》ができた。「パンの耳《みみ》」も「縁《ふち》」を意味《いみ》する言葉《ことば》である。小判《こばん》などの縁《ふち》のことも「耳《みみ》」といい、お金《かね》を不足《ふそく》なく用意《ようい》することは「耳《みみ》をそろえる」という。

たまってた宿題《しゅくだい》
耳《みみ》をそろえて
持《も》ってきたわ

のど

「のみど」というのが、もとの言葉《ことば》である。「のみ」（飲《の》み）と「と」（門《もん》）が合《あ》わさってできた言葉《ことば》で、「飲《の》みものの門《もん》」という意味《いみ》を持《も》っている。また明治初期《めいじしょき》までは「のんど」という言《い》い方《かた》もあった。

めしあがれ
うっ…のどの門《もん》が閉《し》まって飲《の》めないかも
ホウレン草とラッキョとショウがのジュース

鼻《はな》

「鼻《はな》」には「端《はし》」という意味《いみ》がある。つまり、物《もの》の端《はし》っこや先端部《せんたんぶ》をあらわしている。「鼻《はな》」は顔《かお》の中《なか》でいちばん飛《と》び出《だ》しているところ＝端《はし》っこであるため、この名前《なまえ》がつけられた。もともと「端《はし》」というのは、その物体《ぶったい》の最《もっと》も外側《そとがわ》を意味《いみ》する言葉《ことば》である。

はー
端《はし》っこからのながめはいいなぁ

けりをつける

おい
ジョン
やべっ となり町《まち》のガキ大将《だいしょう》
ここで会《あ》ったが百年目《ねんめ》
きょうこそけりをつけてやるぜ
それはこっちのセリフだ
どっからでもかかってきな
わっ
ドカッ
ピューーッ
やーい
いてて〜っ
くそっ、ジョンのヤツけりを入《い》れてけりをつけやがった!

意味《いみ》

最終的《さいしゅうてき》な結果《けっか》を出《だ》す。結末《けつまつ》をはっきりさせて、ものごとを終《お》わらせる。

語源《ごげん》

和歌《わか》や俳句《はいく》、物語《ものがたり》などの文《ぶん》の終《お》わりに「～なりけり」「～ありけり」などと、「けり」をつけることが多《おお》かったことから、ものごとの決着《けっちゃく》をつけることを意味《いみ》する言葉《ことば》になった。「けり」というのは「結末《けつまつ》」や「終《お》わり」を意味《いみ》する言葉《ことば》。また日本《にほん》の伝《でん》統的《とうてき》な声楽曲《せいがくきょく》も、「そもそも～」と語《かた》り出《だ》し、「けり」でしめくくられた。

使《つか》い方《かた》

レスリングでライバルのあいつに「今度《こんど》の試合《しあい》ではけりをつけるぞ**」と言《い》われたので、「こっちこそ」と言《い》い返《かえ》してやった。**

ジョン

「けりを入《い》れる」とはちがうのかな。

シューイン

似《に》てるけど、ぜんぜんちがいますよ。「けりを入《い》れる」は、けとばすということですからね。

カトリーヌ

「けじめをつける」ともよく似《に》ているわね。

先生

おもしろいところに気《き》がついたね。けりをつけるは、「決着《けっちゃく》」「結末《けつまつ》」のことだけど、けじめをつけるは、「区切《くぎ》り」「境目《さかいめ》」ということだから、こっちのほうが少《すこ》しソフトな感《かん》じだね。

シューイン

「けり」をつけた文章《ぶんしょう》には、たとえばどんなものがありますか？

先生

有名《ゆうめい》なところでは、『竹取物語《たけとりものがたり》』の出《で》だしが「いまはむかし、竹取《たけとり》の翁《おきな》といふものありけり」となっているね。似《に》ている言葉《ことば》に「片《かた》づける」「しめくくる」「始末《しまつ》をつける」「解決《かいけつ》する」などがあるよ。

ごたごたする

この商店街《しょうてんがい》混《こ》んでますね
ずいぶんごたごたしてるわね
ワイワイ
ワイワイ
それだけ人気《にんき》があるんですね
ワーワー
ワーワー
おやなんでしょう
なんか、ごたごたが起《お》きたらしいな
ワーワー
ラーメンのほうがおいしい!!
カツ丼《どん》のほうがうまいぞ!!
なにあれ…
くだらない…
なんかつかれたね
これじゃ〝ごたごた〟じゃなくて〝くたくた〟だわ

意味《いみ》

混雑《こんざつ》していること。いろいろなものが、バラバラに混《ま》ざっていること。争《あらそ》いごと。

語源《ごげん》

鎌倉時代《かまくらじだい》に、宋《そう》（中国《ちゅうごく》）から招《まね》かれた僧《そう》侶《りょ》の「兀庵普寧《ごったんふねい》」からきた言葉《ことば》。兀庵《ごったん》の話《はなし》はふくざつでごちゃごちゃと理屈《りくつ》っぽく、あまり評判《ひょうばん》がよくなかった。そこから、こんがらかったようなことを「ごったんごったんする」といい、それが「ごたごたする」と変化《へんか》していった。

使《つか》い方《かた》

①小《ちい》さなお店《みせ》が**ごたごた**集《あつ》まってるなぁ。

②学級《がっきゅう》レクリエーションで、ドッジボールをやるか、サッカーをやるかで、**ごたごた**もめている。

カトリーヌ
「ごった煮《に》」っていう料理《りょうり》があるわね。

シューイン
野菜《やさい》や肉《にく》など、いろいろな材料《ざいりょう》をいっしょに煮《に》た料理《りょうり》ですね。

ジョン
これも「ごたごた」と似《に》たような意味《いみ》だな。

シューイン
人《ひと》がひどく混雑《こんざつ》していることを「ごった返《がえ》す」っていいますね。

先生
左上《ひだりうえ》の「使《つか》い方《かた》」の例《れい》のように、二とおりの意味《いみ》があるんだ。①のような意味《いみ》で使《つか》う場合《ばあい》、「ごたごた」を「ごった（に）」と使《つか》うことも多《おお》いね。

カトリーヌ
「ごちゃごちゃ」も、「ごたごた」からきているのかしら。

先生
そうだよ。意味《いみ》を見《み》れば、同《おな》じ言葉《ことば》だということがわかるよね。

ごまかす

ちょっとカトリーヌまたママのハンカチ、持《も》っていったわね
えっ、し、知《し》らないわよ
ごまかしてもだめよ。あなたほしがってたじゃないの
それはあのときだけよ
あとで考《かんが》えたらやっぱあれ、おばさんくさくてダサいな～って
カトリーヌ
ガラッ
あら、シューインあそびに来《き》たの？
カトリーヌさっきこれ落《お》としてったよ～
ぴら～～っ
あちゃ

意味《いみ》

うそをついて、不正《ふせい》を働《はたら》くこと。人《ひと》をあざむくこと。

語源《ごげん》

江戸時代《えどじだい》に、「胡麻胴乱《ごまどうらん》」というお菓子《かし》があった。見《み》かけはおいしそうなのに、中身《なかみ》は空《から》っぽで、おいしくなかった。そのことから、うわべだけをよく見《み》せようととりつくろうことを、「胡麻菓子《ごまかし》」といった。さらにこれが動詞《どうし》になって「ごまかす」という言葉《ことば》ができたという。「胡麻化《ごまか》す」は、あきらかな当《あ》て字《じ》である。

使《つか》い方《かた》

ジョン、あたしのシュークリーム、勝手《かって》に食《た》べたでしょう。ごまかしてもだめよ。シャツに生《なま》クリームがついてるじゃない！

ジョン

まさか、「ごまかす」が、お菓子《かし》からできた言葉《ことば》だとは思《おも》わなかったぜ。

シューイン

小麦粉《こむぎこ》の生地《きじ》に、ごまをまぜた焼《や》き菓子《がし》なんだそうです。

カトリーヌ

「胴乱《どうらん》」っていうのは、むかしの人《ひと》が薬《くすり》やタバコなどを入《い》れて持《も》ち歩《ある》いた皮《かわ》や布《ぬの》の袋《ふくろ》のことよね。

シューイン

佐賀《さが》の「逸口香《いっこうこう》」や長崎《ながさき》の「一口香《いっこうこう》」というお菓子《か》子《し》は、中身《なかみ》が空《から》っぽの胡麻菓子《ごまがし》ですよ。

先生

さすがシューイン。食《た》べものにはくわしいね。ある説《せつ》では、ごまは香《かお》りがよいので、料理《りょうり》にくわえるとおいしくなり、味《あじ》を「ごまかす」ことができるからともいわれているんだ。

カトリーヌ

意味《いみ》の近《ちか》い言葉《ことば》には、「まやかし」「おとしいれる」「かつぐ」「はかる」などがあるわね。

ごまをする

パパ、気《き》をつけて行《い》ってらっしゃい
ママ、きょうは一段《いちだん》ときれいだね
なにごまをすってるのよ
なにかたくらみがあるわね
おこづかいの値上《ねあ》げならだめよ
このところ結婚式《けっこんしき》が多《おお》くて出費《しゅっぴ》がかさんでいるのよ
それよりごますりついでにそこにあるスリバチでごまをすってちょうだい
トホホ

意味《いみ》

人《ひと》に気《き》に入《い》られたくて、ごきげんをとるような行動《こうどう》をすること。ごますりともいう。

語源《ごげん》

煎《い》ったごまをすり鉢《ばち》の中《なか》ですりつぶすと、あちこちにベタベタとくっつくことから、人《ひと》のごきげんをとり、歯《は》のうくような言葉《ことば》を使《つか》ってへつらう様子《ようす》をいった。とくに自分《じぶん》よりも権威《けんい》のある人《ひと》や目《め》上《うえ》の人《ひと》に対《たい》してとる行為《こうい》のことをいう。

使《つか》い方《かた》

あの子《こ》、先生《せんせい》のところに行《い》って、「きょうの服《ふく》、かっこいいですね」とか言《い》ってるわ。まったく、ごまをするのが得意《とくい》ね。

シューイン

ごまって栄養《えいよう》があるんですよね。

カトリーヌ

でもごまは、かたい殻《から》でおおわれているから、そのまま食《た》べても、せっかくの栄養《えいよう》が吸収《きゅうしゅう》されにくいのよ。

ジョン

だから、ごまはすったほうがいいってことか。

カトリーヌ

食材《しょくざい》のごまにかぎってはね。だって「ごまをする」って、いい意味《いみ》で使《つか》われない言葉《ことば》だもの。

シューイン

そうです。自分《じぶん》の本当《ほんとう》の気持《きも》ちじゃなく、おせじをいうことですから。

ジョン

英語《えいご》では、「りんごをみがく」っていうんだぜ。

先生

江戸末期《えどまっき》に書《か》かれた『皇都午睡《みやこのひるね》』という本《ほん》の中《なか》で、流行語《りゅうこうご》として紹介《しょうかい》された言葉《ことば》でもあるんだ。似《に》た意味《いみ》の言葉《ことば》には「取《と》り巻《ま》く」「太鼓《たいこ》をたたく」なんてのがあるよ。

さじを投《な》げる

あ〜もう
なんて
むずかしいんだ
できなーい
やーめた
あらもう
さじを投《な》げたの？
おれは、
スプーンを
投《な》げるぜ
ホイ
気《き》を
おちつけて
プリンでも
食《た》べろよ
ガッ
ガッ
プリン
あっ
スポッ
あ、やっぱり
さじを
投《な》げたわ

意味《いみ》

どのような方法《ほうほう》をとっても効果《こうか》が上《あ》がらず、あきらめてしまうこと。はじめからあきらめるような場面《ばめん》では使《つか》わない言葉《ことば》。

語源《ごげん》

「さじ」とは、薬《くすり》を調合《ちょうごう》するときに用《もち》いる医療用《いりょうよう》のスプーンのこと。医者《いしゃ》が薬《くすり》をどう調合《ちょうごう》しても治療方法《ちりょうほうほう》が見《み》つからず、そのさじを投《な》げ出《だ》して、治療《ちりょう》を断念《だんねん》してしまうことからきた言葉《ことば》である。

使《つか》い方《かた》

門限《もんげん》は守《まも》らないし、服《ふく》は泥《どろ》だらけ。小《ちい》さい子《こ》を泣《な》かす、宿題《しゅくだい》はやらない、家《いえ》の手伝《てつだ》いはしない。ちっとも言《い》うことを聞《き》かないんだから。もうお母《かあ》さん、あなたにはさじを投《な》げたわよ。

カトリーヌ

「さじを投《な》げる」っていうのは、あらゆる手《て》をつくしたうえで、もうどうしようもなくなったときに使《つか》う言葉《ことば》なのね。

シューイン

ジョンは、すぐにやめてしまいますね。

ジョン

決断《けつだん》が早《はや》いって言《い》ってほしいね。それにしても医《い》者《しゃ》が投《な》げるんなら、さじだけじゃなくて、メスとか注射器《ちゅうしゃき》だっていいだろうに。

シューイン

あぶないです。それに当時《とうじ》の医者《いしゃ》っていうのは、ほとんどが漢方医《かんぽうい》で、漢方薬《かんぽうやく》をさじで調合《ちょうごう》するのは治療《ちりょう》のためにだいじなことだったんですよ。

先生

よく知《し》ってるね。江戸時代《えどじだい》、大名《だいみょう》につく医師《いし》を「おさじ」といって、患者《かんじゃ》を生《い》かすも殺《ころ》すも、この医《い》師《し》のさじ加減《かげん》ひとつで決《き》まったというよ。

カトリーヌ

似《に》た言葉《ことば》を知《し》ってるわ。「手《て》を引《ひ》く」「お手上《てあ》げ」「音《ね》を上《あ》げる」などね。

ざっくばらん

シューインの家《いえ》に家庭教師《かていきょうし》の候補者《こうほしゃ》が来《き》た
どうぞ なんでも ざっくばらんに おっしゃって ください
それでは 言《い》わせて いただきます
まず シューインくんは 食《た》べすぎです
ぺら ぺら
それから このカーテンの センスが悪《わる》いです
お母《かあ》さんは 化粧《けしょう》がこい
もう いい です
あなたは 失格《しっかく》！
え～
ざっくばらんに 言《い》えって 言《い》ったのに
言《い》いすぎ だよ…

意《い》味《み》

まったくえんりょせずに言《い》ったり、行動《こうどう》したりすること。心《こころ》のなかをさらけ出《だ》して少《すこ》しもかくさない様子《ようす》。

語源《ごげん》

擬態語《ぎたいご》や擬音語《ぎおんご》である「ざっく」や「ざっくり」と、「ばらり」がくっついてできた言葉《ことば》。「ざっく」「ざっくり」は、「野菜《やさい》を包丁《ほうちょう》でざっくり切《き》る」というように、粗《あら》く切《き》ること、つまり大胆《だいたん》で大《おお》ざっぱな様子《ようす》をあらわす言葉《ことば》。また「ばらり」は、「たばねていた髪《かみ》の毛《け》が、ばらりとほどける」のように、まとまっていたものが、ばらばらに分《わ》かれることをさす。これらの言葉《ことば》が合体《がったい》して、「ざっくばらり」「ざっくばらん」という言葉《ことば》ができた。

シューイン

「ざっくり」＋「ばらり」って、とてもイメージがわきやすいですね。

ジョン

そうだな。いかにも「だらしない」って感《かん》じがするよな。

カトリーヌ

ちがうわよ。「かざらない」「身《み》がまえない」ってことよ。だらしないのはジョンだけよ。

先生

江戸時代《えどじだい》、髪《かみ》の手入《てい》れをせず、乱《みだ》れっぱなしの人《ひと》をさして「ざっくばらり」とよんでいたんだ。そこからそのような「身《み》がまえない」人《ひと》の様子《ようす》や態度《たいど》、性格《せいかく》をあらわして「ざっくばらん」というようになったんだよ。

カトリーヌ

似《に》た意味《いみ》の言葉《ことば》ってなにかしら。

シューイン

「あけすけ」「むきだし」「大《おお》っぴら」あたりが、よく似《に》た意味《いみ》の言葉《ことば》ですね。

しっぺ返《がえ》し

あ
スラ スラ
シューインの
1日の食事量
＝平均8kg
ひどい
ジョン
アハハハッ
休《やす》み時間《じかん》
ジョンが1日に
先生におこられる
平均回数
＝15回
しっぺ返《がえ》しを
食《く》らったわね
ギャフン
べーっ

意味《いみ》

自分《じぶん》がやられたことに対《たい》して、すぐさま、しかえしをすること。しかえしをされる場《ば》合《あい》には、「しっぺ返《がえ》しを食《く》らう」という。

語源《ごげん》

「しっぺ」は「しっぺい」が変化《へんか》したもの。これは禅宗《ぜんしゅう》で座禅《ざぜん》をするときに、気《き》合《あ》いを入《い》れるために修行者《しゅぎょうしゃ》の肩《かた》をたたく竹《たけ》べラのこと。「しっぺい返《がえ》し」は本来《ほんらい》、僧《そう》どうしが交代《こうたい》でおこなう。つまり、しっぺいで打《う》たれたあと、すぐに自分《じぶん》もしっぺいで打《う》ち返《かえ》すことから生《う》まれた言《こと》葉《ば》で、それが現在《げんざい》のような意味《いみ》になった。

使《つか》い方《かた》

友《とも》だちをそんなにからかっていると、いつかしっぺ返《がえ》しを食《く》らうぞ。

カトリーヌ

人差《ひとさ》し指《ゆび》と中指《なかゆび》で、相手《あいて》の手首《てくび》を打《う》つことも「しっぺ」っていうわよね。

シューイン

それは江戸《えど》時代《じだい》に、お坊《ぼう》さんがするのをまねたあそびなんですよ。

ジョン

相手《あいて》からやられたときに「みていろよ。そのうちにしっぺ返《がえ》ししてやるからな」っていうのは、おかしいかな。

カトリーヌ

すぐにやり返《かえ》すっていうのが「しっぺ返《がえ》し」だから、それはちょっとちがうわよね。

先生

指《ゆび》でやるあそびの「しっぺ返《がえ》し」は、指《ゆび》を竹《たけ》のへラに見立《みた》てたものなんだ。四百年《ねん》も前《まえ》に発行《はっこう》された『日葡辞書《にっぽじしょ》』という日本語《にほんご》をポルトガル語《ご》で説《せつ》明《めい》した辞書《じしょ》にも出《で》ているんだよ。

ジョン

よく似《に》た意味《いみ》の言葉《ことば》に「はらいせ」「しかえし」「お礼参《れいまい》り」なんかがあるな。

ちゃらんぽらん

ガチャ
ただいま
こんなおそくまでどこであそんでいたのよ
シューインのところで勉強《べんきょう》してたんだ
さっきシューインくんからジョンはいますかって電話《でんわ》があったわよ
あ、シューインじゃなくてカトリーヌだった
カトリーヌちゃんはママとお買《か》いものって、さっき通《とお》りですれちがったわ
あっそう まあなんでもいいじゃん
まあ
なんてちゃらんぽらんなの
えっ、今夜《こんや》はチャンポンだってやった〜!

意味《いみ》

いいかげんで無責任《むせきにん》なこと。さいごまでしっかりと成《な》しとげず、てきとうに終《お》わらせたり、途中《とちゅう》で投《な》げ出《だ》したりすること。

語源《ごげん》

「ちゃらほら」が変化《へんか》して「ちゃらんぽらん」になった。「ちゃら」には「でたらめ」「ごまかし」「でまかせ」という意味《いみ》がある。また、「ほら」は「ほらを吹《ふ》く」の「ほら」であり、つまり「やることがでたらめで、うそばかりついている」ような状態《じょうたい》（人物《じんぶつ》）のことをさす言葉《ことば》となった。

使《つか》い方《かた》

三日《みっか》続《つづ》けて忘《わす》れものをしたら、「なんて、**ちゃらんぽらん**な生活《せいかつ》をしているの！」と先生《せんせい》におこられてしまった。

カトリーヌ：言葉《ことば》のひびきからしても、「ちゃらん」とか「ぽらん」って、いかにもいいかげんな感《かん》じがするわね。

シューイン：日本語《にほんご》には、同《おな》じような意味《いみ》をかさねて、強調《きょうちょう》した言葉《ことば》が多《おお》いですね。

ジョン：28ページに出《で》てきた「うんともすんとも」もそうだよな。

カトリーヌ：現代《げんだい》でよく使《つか》われる「チャラチャラしてる」っていう言葉《ことば》も、ここからきているのかしら。

先生：そうだと考《かんが》える人《ひと》もいるよ。「ちゃら＝チャラ」だとね。意味《いみ》もよく似《に》ているからね。

シューイン：ジョンがよく「チャラ男《お》」ってよばれるわけが、これでわかりました。

ジョン：……。

ちょっかいを出《だ》す

ちょっと シューイン
もっと ちゃんと ぞうきん しぼって ふきなさいよ
へー
ふん ふん
それで?
な、なによ ジョン ちょっかいを出《だ》さないでよね
そうだよ
うん
なるほど ねー——
あんたたち 二人《ふたり》でわざと ちょっかいの出《だ》しっこ してるわね!!

意味《いみ》

横《よこ》からよけいなことをしたり、口《くち》や手《て》をはさんでくること。からかい半分《はんぶん》ですることが多《おお》い。よけいな手出《てだ》しのこと。

語源《ごげん》

ねこのしぐさからできた言葉《ことば》。ねこがじゃれるときは、いっぽうの前足《まえあし》をチョコチョコ出《だ》して、物《もの》をかき寄《よ》せるようなしぐさをする。そのしぐさのことを、もともと「ちょっかい」といった。「手《て》かき」→「ちょかき」→「ちょっかい」と変化《へんか》してきたといわれる。

使《つか》い方《かた》

お母《かあ》さんが弟《おとうと》をしかっているとき、横《よこ》から口《くち》を出《だ》したら、「**ちょっかいを出《だ》す**んじゃないの!」と、しかられてしまった。

「手《て》かき」が「ちょっかい」になったっていうけど、どうして「て」が「ちょ」になるのかしら。

「手水《てみず》」が「ちょうず」に変《か》わるのと同《おな》じで、よくある変化《へんか》なんじゃないですか?

そうだよ。「ちょうず」っていうのは、神社《じんじゃ》やお寺《てら》で、お参《まい》りをする前《まえ》に手《て》をきよめる水《みず》のことだね。シューインの言《い》うように、「ちょうず」は「てみず」がなまった言葉《ことば》で、「てみず」が「てうず」、そして「ちょうず」と変《か》わっていったんだ。

ちょっかいの「かい」は、「かき」が変化《へんか》した言葉《ことば》ってことだな。

そういうこと。似《に》た意味《いみ》の言葉《ことば》に「口出《くちだ》し」「手出《てだ》し」「横《よこ》やり」「水《みず》を差《さ》す」「干渉《かんしょう》」「介入《かいにゅう》」などがあるね。

ちんぷんかんぷん

ちょっと ジョン ちゃんと先生《せんせい》の話《はなし》聞《き》きなさいよ
ポケ〜
だって、先生《せんせい》の言《い》ってることがちんぷんかんぷんなんだもん
次《つぎ》の問題《もんだい》は…
ジョン、答《こた》えてください
え――っと、3から5を引《ひ》いてかけてから割《わ》って、それを分数《ぶんすう》とか小数《しょうすう》にしちゃって…
もういい、ジョンの言《い》ってることは、ちんぷんかんぷんだ 座《すわ》りなさい
な、こうするとすぐ座《すわ》れるんだ
ピース
ちんぷんかんぷん作戦《さくせん》っていうのさ

意味《いみ》

話《はな》している言葉《ことば》や内容《ないよう》が、さっぱりわからない。たがいの話《はなし》がまったく通《つう》じないこと。

語源《ごげん》

江戸時代《えどじだい》には使《つか》われていた言葉《ことば》で、『俚言集覧《りげんしゅうらん》』という当時《とうじ》の国語《こくご》の辞書《じしょ》にものっている。儒学《じゅがく》を学《まな》ぶ者《もの》たちは、むずかしい漢語《かんご》を使《つか》いたがったが、その意味《いみ》がまったくわからなかったことから、「なにがなんだかさっぱりわからない」という意味《いみ》で使《つか》うようになったという。

使《つか》い方《かた》

あなたの言《い》うちこくの理由《りゆう》は、ちんぷんかんぷんよ。下手《へた》ないいわけをするのはやめなさい！

シューイン

この言葉《ことば》は、「ちんぷんかん」と「ぷん」でできあがっているらしいですよ。

カトリーヌ

ちょっと待《ま》って。さいごの「ぷん」はどこから出《で》てきたのよ。

シューイン

これは、「ちんぷんかん」に合《あ》わせて、調子《ちょうし》のいい言葉《ことば》として「ぷん」をつけただけです。とくに意味《いみ》はないんです。

ジョン

意味《いみ》がないのにつけたのかよ。ところで、これって、中国《ちゅうごく》からきた言葉《ことば》なのかな。

先生

そうじゃないんだ、ジョン。つくったのは当時《とうじ》の日本人《にほんじん》。これは外国人《がいこくじん》の話《はな》す言葉《ことば》の口《くち》まねをしたものだという説《せつ》もあるんだ。このころはまだ、漢語《かんご》のわからない人《ひと》が多《おお》かったんだよ。そういった人々《ひとびと》によって、おもしろおかしくつくられたというわけだね。

てこずる

ほし——い ほし——い
あのお母《かあ》さん てこずって いるわね
行《い》くわよ ジョン シューイン
あれ？ いない
ここの ステーキ おいしそう
シューイン 行《い》くぞ
こっちも てこずって るのね

意味《いみ》

あつかいに困《こま》ること。始末《しまつ》に困《こま》る。もてあます。

語源《ごげん》

「てこずる」の「てこ」は「梃子《てこ》」と書《か》き、重《おも》い物《もの》を動《うご》かすときに使《つか》う棒《ぼう》のこと。その「てこ」を使《つか》って重《おも》い物《もの》を動《うご》かそうとしても、棒《ぼう》がずれてしまうと、なかなか動《うご》かせない。それほど困難《こんなん》な仕事《しごと》という意味《いみ》である。てこを使《つか》っても動《うご》かすことができないことから、「あつかいに困《こま》る」「もてあます」という意味《いみ》ができあがった。

使《つか》い方《かた》

小《ちい》さい子《こ》の相手《あいて》に**てこずって**、おやつを食《た》べられなかった。

シューイン

「てこと、それを支《ささ》える石《いし》をあたえよ。されば地球《ちきゅう》を動《うご》かしてみせよう」。

カトリーヌ

アルキメデスが言《い》ったんでしょ。有名《ゆうめい》な言葉《ことば》よ。

ジョン

「てこ」って、理科《りか》で実験《じっけん》した、あの「てこ」？

カトリーヌ

そうよ。左下《ひだりした》の絵《え》のような感《かん》じよね。

先生

この「てこ」を使《つか》っても動《うご》かせないほどやっかいなこと、という意味《いみ》だね。この「てこずる」という言葉《ことば》、江戸時代《えどじだい》の安政年間《あんせいねんかん》からはじまった流行語《りゅうこうご》だそうだよ。

シューイン

よく似《に》た意味《いみ》の言葉《ことば》に「手《て》を焼《や》く」「閉口《へいこう》」「手《て》にあまる」などがありますね。

手玉《てだま》にとる

お鍋《なべ》出《だ》して ちょうだい
あなたは 食器《しょっき》を 用意《ようい》して
包丁《ほうちょう》は 気《き》をつけて 持《も》ってくるのよ
カトリーヌ すげえや
みんなを 手玉《てだま》に とってるな
ちょっと、へんなこと 言《い》わないで 指示《しじ》を 出《だ》してる だけよ
それより ジョン 持《も》ってる ざるから 水《みず》がたれてる
さっさと ふいて おきなさい
やっぱり 手玉《てだま》にとってる

意味《いみ》

人《ひと》を自分《じぶん》の思《おも》いどおりにあやつること。人《ひと》をお手玉《てだま》のようにもてあそんで、自分《じぶん》の思《おも》うままに動《うご》かすこと。

語源《ごげん》

「手玉《てだま》」とは、あそび道具《どうぐ》のお手玉《てだま》のこと。このお手玉《てだま》が上手《じょうず》な者《もの》は、いくつもの玉《たま》を自分《じぶん》の思《おも》うように投《な》げ上《あ》げたり、受《う》けたりすることができる。これと同《おな》じように、人《ひと》を思《おも》いのままにあやつることを、「手玉《てだま》にとる」というようになった。

使《つか》い方《かた》

あのベテラン政治家《せいじか》は、若手《わかて》の政治家《せいじか》を**手《て》玉《だま》にとって**こき使《つか》っている。自分《じぶん》ではなにもしないような人《ひと》に、政治《せいじ》をまかせてもいいのだろうか。

あまりいい意味《いみ》で使《つか》われる言葉《ことば》じゃないわね。

そうだな。なんか、ずるがしこさをあらわしてる言葉《ことば》みたいだ。

もともとは曲芸師《きょくげいし》が見《み》せものとして、お手玉《てだま》を自在《じざい》にあやつったところから生《う》まれた言葉《ことば》なんだ。

中国《ちゅうごく》ではもっとむかし、小石《こいし》を使《つか》って、お手玉《てだま》をしていたそうですよ。

それが日本《にほん》に伝《つた》わったんだ。平安時代《へいあんじだい》には「石《いし》なご」とよばれていたんだよ。

じゃあ、そのころにはまだ、「手玉《てだま》にとる」という言葉《ことば》はなかったのね。

そうだね。「手玉《てだま》にとる」は、江戸時代後半《えどじだいこうはん》から明治《めいじ》にかけて生《う》まれた言葉《ことば》なんだ。

でたらめ

トランプの神経衰弱《しんけいすいじゃく》であそんでいる三人《にん》
あーーまたハズレ
またダメだ
これもハズレか
シューインさあでたらめにめくってるだけじゃ勝《か》てないぜ
ジョンに言《い》われちゃおしまいね
カードをしっかり記憶《きおく》しなくちゃ
いいんですぼくはいま集中《しゅうちゅう》してやったときと、でたらめにやったときの当《あ》たる確率《かくりつ》を確《たし》かめているんです
強《つよ》がり言《い》ってるね

意味《いみ》

思《おも》いついたことを、いいかげんに言《い》ったりしたりすること。口《くち》からでまかせで信用《しんよう》できない様子《ようす》。

語源《ごげん》

江戸時代末期《えどじだいまっき》から使《つか》われるようになった言葉《ことば》。さいころを使《つか》ったすごろくなどでは、出《で》たさいころの目《め》によって勝敗《しょうはい》がきまる。「出《で》た目《め》に運命《うんめい》をまかせるしかない」、「出《で》たら目《め》」という流《なが》れからできた。

使い方《つかいかた》

先生《せんせい》に「どうして宿題《しゅくだい》をしてこなかったの？」と聞《き》かれたので、「お母《かあ》さんに、宿題《しゅくだい》はどうでもいいから、テレビを見《み》なさいと言《い》われたから」と言《い》ったら、「でたらめ言《い》うんじゃありません！」と、注意《ちゅうい》された。

カトリーヌ
「でたらめ」の「め」って、さいころの「目《め》」だったのね。

シューイン
「運《うん》を天《てん》にまかせる」っていうことなんですね。

カトリーヌ
そういえばジョン。テストの答《こた》えがでたらめだって、先生《せんせい》に注意《ちゅうい》されてたわね。

ジョン
ああ、運《うん》を天《てん》にまかせたんだけど、天《てん》はおれを見《み》放《はな》した。

先生
ふだん、ちゃんと勉強《べんきょう》していないからだろう？

ジョン
「でたらめ」って「出鱈目《でたらめ》」って書《か》くんだって？

先生
うまく逃《に》げたな。そう書《か》いてある本《ほん》もあるけど、それは「でたらめ」。つまり当《あ》て字《じ》なんだよ。

カトリーヌ
よく似《に》た意味《いみ》の言葉《ことば》に「いいかげん」「適当《てきとう》」「無《む》責任《せきにん》」「ちゃらんぽらん」などがあるわね。

手前《てまえ》みそ

わたし、料理《りょうり》が得意《とくい》でーす
シューインの近所《きんじょ》のお姉《ねえ》さんだろ
本当《ほんとう》に得意《とくい》なの？
うーん すばらしい味《あじ》だわ
フランス料理《りょうり》の一流《いちりゅう》シェフにも出《だ》せない味《あじ》ね
手前《てまえ》みそですねー
しっ
聞《き》こえるわよ
まぁ失礼《しつれい》なこれは「おみそ」じゃありません
「コンソメ」です
わかってないじゃんこの人《ひと》
うん

意味《いみ》

自分《じぶん》をほめること。じまんする。

語源《ごげん》

「手前《てまえ》」というのは自分《じぶん》のこと。「みそ」は文字《もじ》どおり、食品《しょくひん》・調味料《ちょうみりょう》のみそだが、以前《いぜん》は各家庭《かくかてい》でみそを手作《てづく》りしており、それぞれの家庭《かてい》で味《あじ》を工夫《くふう》していた。客《きゃく》をもてなすときも、そのみそを使《つか》った料《りょう》理《り》をふるまい、手製《てせい》のみそをじまんしたことから、手前《てまえ》みそというようになった。

使《つか》い方《かた》

うちに来《き》たお客《きゃく》さんが「この手作《てづく》りのショール、すてきでしょう。『プロのできばえ』だなんて、みんなに言《い》われるのよ」と言《い》った。手前《てまえ》みそもいいところだ。

ジョン

「手前《てまえ》」って、「自分《じぶん》の目《め》の前《まえ》」っていう意味《いみ》じゃなかったのか。

シューイン

自分《じぶん》のことを「手前《てまえ》」ということは、ありますね。

カトリーヌ

そうね。「手前《てまえ》どもは～」なんていう言《い》い方《かた》よね。

先生

その「手前《てまえ》」には、もともと「自前《じまえ》」「自家製《じかせい》」「お手製《てせい》」といった意味《いみ》があるんだ。「みそを買《か》う家《いえ》は蔵《くら》建《た》たぬ」っていうことわざがあってね。「自分《じぶん》の家《いえ》でみそを作《つく》らないような家《いえ》に、お金《かね》はたまらない」っていうことなんだ。

カトリーヌ

それだけ自家製《じかせい》のおみそというものを、だいじに考《かんが》えていたのね。

シューイン

じまんしたくなるのも、わかる気《き》がします。

先生

似《に》た意味《いみ》の言葉《ことば》に「自負《じふ》」「自画自賛《じがじさん》」「うぬぼれる」などがあるよ。

てんてこまい

バタバタ
バタバタ
カトリーヌ さっきから 忙《いそが》しそうだね
ヒ～ ヒ～
そう なのよ
塾《じゅく》に行《い》って 買《か》いものに行《い》って、 これから 友人《ゆうじん》と会《あ》うのよ
も～忙《いそが》しくって 休《やす》むヒマもないの
てんてこまいよ
じゃあ、その 友人《ゆうじん》に会《あ》うの おれが代《か》わって あげるよ
ハーイ
いいの? カトリーヌ
よく ないわよ

意味《いみ》

とても忙《いそが》しく、休《やす》む時間《じかん》もないほど動《うご》きまわること。

語源《ごげん》

江戸時代《えどじだい》に「手古舞《てこまい》」とよばれる踊《おど》りがあった。それは、男装《だんそう》をした女性《じょせい》が山車《だし》や御輿《みこし》の前《まえ》で、祭《まつ》り囃子《ばやし》や神楽《かぐら》などで使《つか》われる小太鼓《こだいこ》に合《あ》わせて舞《ま》うものだった。小太鼓《こだいこ》の「テンテコテンテコ」という速《はや》い拍子《ひょうし》の音《おと》に合《あ》わせて踊《おど》るので、「てんてこまい」といった。

使い方《つかいかた》

急《きゅう》にお客《きゃく》さんが来《く》ることになり、そうじ、買《か》いもの、料理《りょうり》のしたくと、お母《かあ》さんは、てんてこまいの忙《いそが》しさになった。

ジョン

「てんてこ」っていうリズムだと、テンポの速《はや》そうな曲《きょく》だな。

カトリーヌ

そうね。これって、お祭《まつ》りなんかのときに演《えん》じられる舞《ま》いなんでしょ？

先生

そうだよ。気分《きぶん》を盛《も》り上《あ》げるような早《はや》いリズムの曲《きょく》だったんだ。

シューイン

だから、体《からだ》を忙《いそが》しく動《うご》かすんですね。

ジョン

それで、忙《いそが》しいときのてんてこまいってわけか。

カトリーヌ

ふだんわたしたちが「てんてこまい」って使《つか》うときは、忙《いそが》しくていやになっちゃうという感《かん》じで、あまり楽《たの》しそうじゃないわよね。

先生

でも本来《ほんらい》の「てんてこまい」は、明《あか》るくて楽《たの》しいものだったのさ。よく似《に》た言葉《ことば》に、「ねこの手《て》も借《か》りたい」なんて言《い》い方《かた》があるね。

どんでん返《がえ》し

野球《やきゅう》の練習試合《れんしゅうじあい》
ジョンのチーム2対《たい》0で勝《か》ってるわね
これが最後《さいご》のバッターか満塁《まんるい》だけど逃《に》げきってほしいね
カキーン
あっ平凡《へいぼん》なレフトフライ
ちょっとかっこつけるか
ジョンがキャッチできたら試合終了《しあいしゅうりょう》ね
くるっ
ああ
後《うし》ろでキャッチなんかしようとするから
ポロリ
やったー大逆転《だいぎゃくてん》だー
うわっどんでん返《がえ》しだ～
あ～あ…

意味《いみ》

話《はなし》の展開《てんかい》や情況《じょうきょう》が、とつぜん変《か》わってしまうこと。一気《いっき》に正反対《せいはんたい》になること。

語源《ごげん》

歌舞伎《かぶき》からきた言葉《ことば》。歌舞伎《かぶき》の舞台《ぶたい》では、大道具《おおどうぐ》をさかさまに引《ひ》っくり返《かえ》して、あっというまに次《つぎ》の場面《ばめん》に転換《てんかん》することや、その仕掛《しか》けそのものを「どんでん返《がえ》し」といった。もともとは「がんどう返《がえ》し」といっていたが、これが「どんでん返《がえ》し」になったのは、大道具《おおどうぐ》を引《ひ》っくり返《かえ》すときの音《おと》が「ドーン、デーン」と聞《き》こえるからだともいわれている。

使い方《つかいかた》

このドラマ、あの男《おとこ》が犯人《はんにん》だったなんて、すごいどんでん返《がえ》しの結末《けつまつ》だったよ。

シューイン

三歳《さい》になるぼくのめいっこが、どんどん大《おお》きくなってくるんだけど、これって「どんでん返《がえ》し」ですか?

カトリーヌ

ちがうわよ。いくら成長《せいちょう》が早《はや》いっていっても、瞬間的《しゅんかんてき》に変《か》わるわけじゃないでしょ。

ジョン

それに、ただ大《おお》きくなるだけじゃ、「どんでん返《がえ》し」とはいわないだろう。もし、パッと女《おんな》から男《おとこ》に変《か》わったんなら別《べつ》だけど。

先生

そうだね。これは「とても短《みじか》い時間《じかん》のなかでの変化《へんか》」ということだからね。それから「どんでん」という音《おと》は、舞台《ぶたい》で使《つか》う太鼓《たいこ》の音《おと》だとする考《かんが》え方《かた》もあるんだ。

シューイン

「一変《いっぺん》」「豹変《ひょうへん》」「転換《てんかん》」などの言葉《ことば》と意味《いみ》が似《に》ているかもしれませんね。

食《た》べものの語《ご》源《げん》

軍《ぐん》艦《かん》巻《ま》き

寿司《すし》の一種《いっしゅ》。にぎった寿司飯《すしめし》のまわりをのりで囲《かこ》み、イクラやウニ、ネギトロなど、くずれやすいネタをのせたもの。横《よこ》から見《み》た姿《すがた》が軍艦《ぐんかん》に似《に》ていたことから、この名《な》がついた。昭和《しょうわ》十六年《ねん》に、東京《とうきょう》銀座《ぎんざ》の寿司店《すしてん》の主《しゅ》人《じん》が考《かんが》え出《だ》したのが始《はじ》まりとされている。

ぼくたち
似《に》てるね

さしみ

「刺身《さしみ》」と書《か》く。なぜ「切《き》り身《み》」ではなく、「刺《さ》し身《み》」なのか。武家社会《ぶけしゃかい》では「切《き》る」という言葉《ことば》をきらったため、「刺《さ》す」という表《ひょう》現《げん》にしたものである。魚介類《ぎょかいるい》のほかに「牛《ぎゅう》刺《さ》し」「馬刺《ばさ》し」「刺身《さしみ》こんにゃく」などもあり、いまでは「おつくり」ともいう。

切るより
刺すがよいのじゃ

おでん

「田楽《でんがく》」からきた言葉《ことば》。田楽《でんがく》とは伝統芸能《でんとうげいのう》の一つで、そのなかに「高足《たかあし》」という芸《げい》がある。これは、専門職《せんもんしょく》である田楽法師《でんがくほうし》が、高《たか》足《あし》（一本足《いっぽんあし》の竹馬《たけうま》のような道具《どうぐ》）に乗《の》って曲芸《きょくげい》を披露《ひろう》するもの。その姿《すがた》が細長《ほそなが》い串《くし》に刺《さ》した豆腐《とうふ》に似《に》ていたことから「お」をつけて「おでん」とよぶようになった。

おでん
よっ
田楽
はっ

すき焼《や》き

「すき焼《や》き」の「すき」は、田畑《たはた》を耕《たがや》すときの道具《どうぐ》のこと。鉄板《てっぱん》など手《て》に入《はい》らなかったころ、鍋《なべ》の代《か》わりに、この農具《のうぐ》の「すき」を使《つか》って、その上《うえ》で、魚《さかな》や豆腐《とうふ》などを焼《や》いて食《た》べたことから生《う》まれた言葉《ことば》。

おたまの上《うえ》で お肉《にく》を焼《や》けば 「おたま焼《や》き」に なったのかな？
なんでも いいから 早《はや》く 食《た》べたーい
グツ
グツ

にっちもさっちも

今月《こんげつ》は、母《はは》の日《ひ》のプレゼントを買《か》って…
おばあちゃんの誕生日《たんじょうび》だからプレゼントを買《か》って…
そのうえ友《とも》だちが転校《てんこう》するから贈《おく》りものもしなきゃ
すごいねシューイン
出費《しゅっぴ》が多《おお》くてにっちもさっちも行《い》かないよう！
がんばって手作《てづく》りにしたら？
なるほど
でも、材料《ざいりょう》を買《か》うお金《かね》がないよう！
そりゃ、むだづかいしすぎじゃないの？

意味《いみ》

行《い》きづまって、どうにもならない様子《ようす》。どう計算《けいさん》しても、どう工夫《くふう》しても解決《かいけつ》できず、身動《みうご》きがとれないこと。「にっちもさっちも行《い》かない」と、否定形《ひていけい》で使《つか》われる。

語源《ごげん》

もとは、そろばん用語《ようご》。「にっち」は「二進《にしん》」、「さっち」は「三進《さんしん》」の音《おと》が変化《へんか》してできた言葉《ことば》。

使《つか》い方《かた》

あしたまでに提出《ていしゅつ》の、大切《たいせつ》なプリントを学校《がっこう》に忘《わす》れてきた。もう夜《よる》の九時《じ》だ。学校《がっこう》に電話《でんわ》をしても、だれも出《で》ない。友《とも》だちに内容《ないよう》を聞《き》こうとしたけど、今度《こんど》は学級連絡網《がっきゅうれんらくもう》の紙《かみ》が見《み》あたらない。もう、**にっちもさっちも**行《い》かなくて泣《な》きたい気持《きも》ちだ。

「二進《にしん》」というのは二割《わ》る二。「三進《さんしん》」というのは三割《わ》る三のことで、どちらも割《わ》り切《き》れて、商《しょう》（割《わ》り算《ざん》の答《こた》え）に一が立《た》って計算《けいさん》できる、ということなんですよ。

そこから二でも三でも割《わ》り切《き》れないことを、「二進《にしん》も三進《さんしん》も行《い》かない（にっちもさっちも行《い》かない）」というようになり、それが計算《けいさん》が合《あ》わないことを意味《いみ》するようになった、というわけね。

さらにこれが、商売《しょうばい》がうまくいかないことを意味《いみ》するようになり、またさらに、いろいろな場面《ばめん》でうまくいかないことをさすようになったのさ。

ふう〜、今回《こんかい》はややこしくて、頭《あたま》の中《なか》がにっちもさっちも行《い》かなくなったぜ。せめて、これに似《に》た言葉《ことば》だけでも、さがしてみよう…。「八方《はっぽう》ふさがり」「万策《ばんさく》つきる」「矢《や》つき弓《ゆみ》折《お》れる」…。うわっ、どれもおれのことだぁ！

二枚舌《にまいじた》

アメリカにいるおじいちゃんの家《いえ》は海辺《うみべ》にあってヨットも持《も》ってるんだぜ
アメリカにいるおじいちゃんの家《いえ》は高原《こうげん》にあってプールつきの大邸宅《だいていたく》なんだぜ
おーー
まあ〜ステキ
ジョンたら、うそばっかり
二枚舌《にまいじた》なんだから
ぼくが一枚《まい》ぬいてあげます
わ〜やめろシューイン!!

意味《いみ》

うそをつくこと。言《い》っていることが、前《まえ》と後《あと》で食《く》いちがっていること。

語源《ごげん》

イソップ物語《ものがたり》から生《う》まれた言葉《ことば》。森《もり》の中《なか》で鳥《とり》と動物《どうぶつ》が戦争《せんそう》になった。コウモリはまず動物《どうぶつ》のところに行《い》って、「ぼくは、するどいキバと、ふさふさした毛《け》を持《も》っているので、あなた方《がた》の仲間《なかま》です」と言《い》った。そのあとすぐに鳥《とり》のところに行《い》って、「ぼくは、りっぱな羽《はね》を持《も》っており、空《そら》を自由《じゆう》に飛《と》べるので、みなさんの仲間《なかま》です」と言《い》ったことから。

使《つか》い方《かた》

二枚舌《にまいじた》を使《つか》う政治家《せいじか》は、どのくらいいるのかなあ。

動物《どうぶつ》の舌《した》は一枚《まい》しかないのが当《あ》たりまえだよな。

それを二枚《まい》というのは、相手《あいて》によって言《い》うことを使《つか》い分《わ》けるということなんですね。

でもどうして「二枚《まい》」なのかしら。たくさんうそをついた場合《ばあい》は、三枚舌《まいじた》とか、四枚舌《まいじた》とかいわないのかしら。

「二枚《まい》」というのは「二」という数字《すうじ》が問題《もんだい》なんじゃなくて、「そのほかの」とか「いくつもの」という意味《いみ》がふくまれているんだ。

英語《えいご》に「彼《かれ》はフォークのように、先《さき》が分《わ》かれた舌《した》で話《はな》す」という意味《いみ》の言葉《ことば》があるぜ。

それこそ「○枚舌《まいじた》」っていう感《かん》じだね。よく似《に》た意味《いみ》の言葉《ことば》には「でたらめ」「でまかせ」「造言《ぞうげん》」などがあるよ。

ねこをかぶる

カキ〜ン
ちょっと ジョン まじめに そうじ しなさいよ
いつもまじめにやってるんだから そうじのときくらい いいじゃんか
ごろん
いつもって、いつよ
あっ
先生《せんせい》が来《き》た!
んっ
ふぅっ きょうは ゴミが 多《おお》いです
ちょっと!! なに急《きゅう》にねこをかぶってんのよ
ばれてるよ

意味《いみ》

本当《ほんとう》の性質《せいしつ》をかくし、おとなしいねこのようにふるまうこと。いい子《こ》ぶること。

語源《ごげん》

ねこは表面上《ひょうめんじょう》はおとなしく、かわいらしいふるまいをしているが、本性《ほんしょう》は肉食《にくしょく》で、荒々《あらあら》しい一面《いちめん》を持《も》っている。ねこは犬《いぬ》のように、人間《にんげん》になつき従《したが》うことはあまりなく、独立心《どくりつしん》が強《つよ》い。反面《はんめん》、ときどきみょうになついてきたりして、性格《せいかく》のつかみにくいところがある。そうしたねこの様《よう》子《す》から、こういうようになった。

使《つか》い方《かた》

姉《あね》はボーイフレンドの前《まえ》では、急《きゅう》にねこをかぶって、やさしい口調《くちょう》になる。

ジョン

ねこって、本当《ほんとう》によくわかんない性格《せいかく》してるよな。

シューイン

こっちが近《ちか》づいていくと逃《に》げるくせに、テレビとかみてると、いきなりすり寄《よ》ってきたりしますね。

カトリーヌ

ふだんは寝《ね》てばかりいてかわいいのに、なでようとしたとたん、ひっかかれたことがあるわ。

先生

その「おとなしくてかわいい」ときが、「ねこをかぶっている」状態《じょうたい》だね。

ジョン

前《まえ》に時代劇《じだいげき》を見《み》ていたら、「雨《あめ》だからねこをかぶっていきなさい」っていうセリフがあったんだ。あれってどういうことだい？

先生

それはちがうねこだ。わらで編《あ》んだむしろのことを「ねこ」とか「ねこだ」っていうんだよ。むかしは傘《かさ》の代《か》わりにしていたんだね。

はめをはずす

シューインの誕生会《たんじょうかい》によばれたジョンとカトリーヌ
いらっしゃい
きょうは、はめをはずして楽《たの》しんでいってください
ヘイ
シューイン おめでとさーん
ジョンたら、勝手《かって》にカラオケはじめてる
いくぞ シューイン
ボス
わっ
クッションまで投《な》げて、ちょっと はめを はずしすぎよ
わわっ
ほら
はめをはずしすぎるからそういう目《め》にあうのよ

意味《いみ》

調子《ちょうし》にのって度《ど》を過《す》ごすこと。やりすぎ。はしゃぎすぎ。

語源《ごげん》

「はめ」は漢字《かんじ》では「羽目《はめ》」。これは馬《うま》を制御《せいぎょ》するために口《くち》にかませる「はみ」が変《へん》化《か》したもの。「はみ」は棒《ぼう》の形《かたち》をしており、両側《りょうがわ》に金属《きんぞく》の輪《わ》があって、そこから手綱《たづな》がのびている。乗《の》り手《て》は手綱《たづな》から自《じ》分《ぶん》の意思《いし》を馬《うま》に伝《つた》え、馬《うま》は「はみ」の動《うご》きで乗《の》り手《て》の意思《いし》を感《かん》じとる。「はみ」をはずすと、馬《うま》は勝手《かって》に走《はし》りまわり、手《て》がつけられなくなることからできた言葉《ことば》。

使《つか》い方《かた》

きょうはお祝《いわ》いの日《ひ》だから、ちょっとぐらい はめをはずして さわいでもいいよ。

「はみ」って「くつわ」ともいうのよ。

それなら聞《き》いたことがあるぞ。カトリーヌはフランスで乗馬《じょうば》をやったことがあるんだってね。

そうよ。小《ちい》さいころだけどね。たしかに「はみ」がないと、馬《うま》を乗《の》りこなすのはとてもむずかしいわね。

馬《うま》が「はめ」をはずさないのは、この「はみ」があるからなんですね。

騎馬民族《きばみんぞく》が生《う》まれたのは、この「はみ」の発明《はつめい》があったからとさえいわれているんだ。

それから、「くつわ」には「口輪《くちわ》」という意味《いみ》もあるの。「はめをはずす」とよく似《に》た意味《いみ》の言葉《ことば》は「調子《ちょうし》に乗《の》る」「ぶしつけ」「不作法《ぶさほう》」などがあるわ。

ひっぱりだこ

ジョン
わわっ!!
ジョン
おれって女《おんな》の子《こ》にひっぱりだこなんだなあ
なに言《い》ってるのよ 机《つくえ》の上《うえ》に置《お》いた 先生《せんせい》への バレンタインチョコ どこへかくしたの!
食《た》べちゃった

意味《いみ》

人気《にんき》があって、あちこちからほしがられ、求《もと》められる人《ひと》や物《もの》。

語源《ごげん》

江戸時代《えどじだい》、はりつけの刑《けい》になった罪人《ざいにん》は手足《てあし》をしばられ、板《いた》などに張《は》りつけられた。その姿《すがた》が、「たこ」の干物《ひもの》を作《つく》るときの姿《すがた》によく似《に》ていたことから、「ひっぱりだこ」とよばれた。やがて、人気《にんき》がある人《ひと》や品物《しなもの》が、集《あつ》まった人《ひと》によって四方八方《しほうはっぽう》から引《ひ》っぱられる様子《ようす》から、現在《げんざい》の意味《いみ》に変《か》わっていった。

使い方《つかいかた》

あのテレビタレントは、歌《うた》はうまいしトークも上手《じょうず》。おまけにかわいいものだから、あちこちでひっぱりだこだ。

カトリーヌ

たこの干物《ひもの》って、見《み》たことがないわ。

シューイン

八本《ぽん》の足《あし》が四方八方《しほうはっぽう》に引《ひ》きのばされ、それを竹串《たけぐし》などで止《と》めてあるんです。

ジョン

おれが将来《しょうらい》、芸能界《げいのうかい》にデビューしたら、きっとそうなるな。

カトリーヌ

なに、バカなこと言《い》ってるのよ。それよりわたし、「ひっぱりだこ」の「たこ」って、生《い》きもののタコじゃなくて、空《そら》にあげる「凧《たこ》」かと思《おも》ってた。

先生

たしかに糸《いと》でピンと張《は》られた姿《すがた》からして、そう思《おも》うのもむりはないね。だから「引《ひ》っぱり凧《だこ》」と書《か》いても誤《あやま》りではないとされているんだ。

シューイン

よく似《に》た意味《いみ》の言葉《ことば》には「お気《き》に入《い》り」「首《くび》ったけ」「人気者《にんきもの》」などがありますね。

ぶきっちょ

う～
コードが
からまった
ぶきっちょね
貸《か》してごらん
なさいよ
あ
サッ
ぐちゃ
ぐちゃ
キャ～ッ
ヤ～ッ!
おっ、自分《じぶん》で
自分《じぶん》をしばる
なんて
カトリーヌは
器用《きよう》だなあ

意味《いみ》

「不器用《ぶきよう》」がなまってできた言葉《ことば》。手先《てさき》や体《からだ》を上手《じょうず》に動《うご》かすことができないこと。要《よう》領《りょう》が悪《わる》く、ものごとをうまく運《はこ》べないこと。

語源《ごげん》

「不器用《ぶきよう》」の「器《き》」はうつわのこと。つまり物《もの》を入《い》れておく容器《ようき》のことで、「役《やく》に立《た》つ器具《きぐ》」という意味《いみ》。そこから役《やく》に立《た》つ人《ひと》、働《はたら》きのよい人《ひと》、才能《さいのう》のある人《ひと》などを「器用《きよう》」といった。それに対《たい》して役《やく》に立《た》たない人《ひと》には「不《ふ》」をつけて「不器用《ぶきよう》」といった。江戸時代以前《えどじだいいぜん》には「ぶきっちょう」といっていた。

使《つか》い方《かた》

あの子《こ》は、自分《じぶん》で言《い》うほど、**ぶきっちょ**ではない。

シューイン

「器用《きよう》」って、もともとは武具《ぶぐ》とか馬具《ばぐ》といった道《どう》具全体《ぐぜんたい》をさす言葉《ことば》だったんですよ。

ジョン

それが、「役《やく》に立《た》つ人《ひと》」をさすようになったのか。

カトリーヌ

そこから「なにごともそつなくこなす」という意《い》味《み》になったのね。

ジョン

その反対《はんたい》が、不器用《ぶきよう》、そして、ぶきっちょとなったんだな。

先生

いまではあまり使《つか》わなくなった言葉《ことば》だけど、以前《いぜん》は左利《ひだりき》きの人《ひと》のことを「左《ひだり》ぎっちょ」といったんだ。これは「左器用《ひだりきよう》」という言葉《ことば》がなまってできた言葉《ことば》なんだよ。つまり、ほめ言葉《ことば》なんだ。

シューイン

でも、右利《みぎき》きの人《ひと》を「左《ひだり》ぶきっちょ」とはいわないですよね。

カトリーヌ

ややこしくなるからやめて！

へっちゃら

ファミレス
おいしかったわね
あれ、ジョン入《はい》るとき紙《かみ》の袋《ふくろ》を持《も》ってなかったですか?
あっ
いけね…まあいいや
よく、へっちゃらな顔《かお》していられますね
取《と》りにもどらなくていいの?
へっちゃらへっちゃら
袋《ふくろ》に入《はい》ってるのは捨《す》てようと思《おも》ってた学校《がっこう》からの古《ふる》いプリントだよ
ファミ
あら、あたし23点《てん》のテストチラッと見《み》えたわよ
うわっ
へっちゃらじゃない!

意味《いみ》

まるで気《き》にしない様子《ようす》。ものともしないこと。かんたんにできるぞという意気《いき》ごみ。たやすい。平気《へいき》。

語源《ごげん》

もとは「へいちゃら（平《へい》ちゃら）」という言葉《ことば》だったが、印象《いんしょう》を強《つよ》めるために、「へっちゃら」になった。「ちゃら」は、「すべてを白紙《はくし》にもどす」「まっさらにする」という意味《いみ》の「さら」が「ちゃら」に変化《へんか》したもの。

使《つか》い方《かた》

いまから、マラソンのタイムをはかるって？　へっ、そんなの、**へっちゃら**だい。だって毎日《まいにち》、五キロも走《はし》ってトレーニングしてるんだから。

ジョン

小《ちい》さな「っ」がつくと、意味《いみ》が強《つよ》い感《かん》じになるな。

シューイン

「けとばす」が「けっとばす」。「ま正面《しょうめん》」が「まっ正面《しょうめん》」。「やはり」が「やっぱり」…なるほどね。

カトリーヌ

たしかに「へいちゃら」よりも「へっちゃら」のほうが、いかにも「平気《へいき》だい！」っていう感《かん》じがするわね。「ちゃら」のほうはどうなっているの？

先生

これは、ポルトガルからきた言葉《ことば》で、「失敗《しっぱい》やいいかげんなことをしても平気《へいき》でいる強《つよ》さ」という意味《いみ》だという学者《がくしゃ》もいるんだ。そうだとすると、あまりいい意味《いみ》で使《つか》う言葉《ことば》ではないみたいだね。

ジョン

でも先生《せんせい》、「失敗《しっぱい》したって負《ま》けるもんか」っていう強《つよ》い気持《きも》ちで使《つか》うんならいいんじゃないの？

先生

そうだね。言葉《ことば》が語源《ごげん》にしばられるのは、きゅうくつだからね。ここはジョンに一本《いっぽん》取《と》られたな。

へなちょこ

ズーン
うわっ こわそう
あいつが うわさの「鬼瓦権太郎《おにがわらごんたろう》」じゃないか？
ヒソ ヒソ
サッ
あ、どうぞどうぞ足《あし》もとに気《き》をつけて
ワン
ぎくっ
うわ～犬《いぬ》は苦手《にがて》なんだよう
なんだ へなちょこ野郎《やろう》め！
あんたこそ へなちょこ じゃないの

意味《いみ》

弱々《よわよわ》しい者《もの》、たよりない者《もの》をあざけっていう言葉《ことば》。

語源《ごげん》

明治《めいじ》のはじめ、ある新聞記者《しんぶんきしゃ》が、料亭《りょうてい》でお酒《さけ》をのんでいると、ブクブクと泡《あわ》を立《た》てて酒《さけ》が杯《さかずき》に吸《す》いこまれてしまった。そこで、「これは見《み》かけ倒《だお》しの、つまらぬへない（粘土《ねんど》）製《せい》のちょこ、へなちょこだ」と言《い》ったことから、「へなちょこ」という言葉《ことば》ができたという。

使《つか》い方《かた》

かっこいいスニーカーを買《か》ってもらった。ところがはいているうちにどんどんすりへって、歩《ある》きにくくなった。見《み》かけがいいだけの、**へなちょこ**スニーカーだった。

ジョン「へな」っていうのは粘土《ねんど》のことなんだ。

シューイン　そうです。そまつな土《つち》だとされていますね。

カトリーヌ「ちょこ」は、お酒《さけ》をのむ杯《さかずき》のことね。

シューイン　見《み》た目《め》はりっぱなちょこだったんですね。

先生　そう。内側《うちがわ》におたふく、外側《そとがわ》に鬼《おに》の面《めん》が描《えが》かれている変《か》わったものだったらしいよ。でも使《つか》ってみると、質《しつ》が悪《わる》かったということだ。

ジョン「へな」でできた「ちょこ」だから「へなちょこ」。わかりやすいね。

カトリーヌ　へなちょこどうしだから、わかりやすいのかしら。なんて冗談《じょうだん》よ。これと似《に》た意味《いみ》の言葉《ことば》には、「へっぽこ」「羊頭狗肉《ようとうくにく》」があるわ。

ほらをふく

わたし
演劇《えんげき》クラブからスカウトされたの
今度《こんど》「シンデレラ」をやるんだけど出《で》てくれないかって
え〜
カトリーヌが!?
また、そういうほらをふく
うそじゃないわよ
本当《ほんとう》に言《い》われてたよ
コソッ
ただし、意地悪《いじわる》なお姉《ねえ》さんの役《やく》でだけどね
シーッ

意味《いみ》

でまかせのうそをつくこと。ものごとを大《おお》げさに言《い》うこと。でたらめを言《い》うこと。

語源《ごげん》

「ほら」とは「ほら貝《がい》」のこと。このほら貝《がい》に細工《さいく》をすると、とても大《おお》きな音《おと》が出《で》る。戦国時代《せんごくじだい》はこれを吹《ふ》いて、兵《へい》を動《うご》かすときの合図《あいず》にした。それほど大《おお》きな音《おと》が出《で》ることから「大《おお》きなことを言《い》う」「大《おお》げさなことを言《い》う」意味《いみ》に使《つか》われるようになり、やがて「でたらめ」「うそ」という意味《いみ》でも使《つか》われるようになった。

使《つか》い方《かた》

あのおじさんはまた、「自分《じぶん》は元陸上《もとりくじょう》のオリンピック候補《こうほ》だった」なんて、ほらをふいている。ぼくといい勝負《しょうぶ》のくせに。

カトリーヌ

「ほら貝《がい》」って、時代劇《じだいげき》で見《み》たことがあるわ。

ジョン

戦国時代《せんごくじだい》の武士《ぶし》が「とつげき〜！」って吹《ふ》くやつだよな。

シューイン

武士《ぶし》だけじゃなくて、*山伏《やまぶし》なんかも使《つか》っていたようですよ。

カトリーヌ

戦《いくさ》のときだけじゃなく、獣《けもの》よけにも使《つか》っていたんですって。

先生

「予想外《よそうがい》の大《おお》もうけをする」という意味《いみ》で使《つか》われた時期《じき》もあって、その後《ご》に「うそをつく」という意味《いみ》に変化《へんか》した言葉《ことば》なんだ。

ジョン

よく似《に》た意味《いみ》の言葉《ことば》に「うそつき」があるけど、「せんみつ」なんて言葉《ことば》もあるんだ。「正《ただ》しいことは千のうちに三つくらい」っていう意味《いみ》さ。

*山伏《やまぶし》……山野《さんや》に野宿《のじゅく》して修行《しゅぎょう》した僧《そう》。

むちゃくちゃ

お客様《きゃくさま》がみえたよ～
どうしたのお母《かあ》さん
お茶《ちゃ》ぐらい出《だ》さないと
それがね…シューイン
ちょっとお茶《ちゃ》っぱを切《き》らしちゃって
カラッポ
そうだ!
どうぞ
なんじゃこりゃ
やっぱりニラをきざんだお茶《ちゃ》じゃダメかしら
やることがむちゃくちゃですう!!

意味《いみ》

すじ道《みち》が立《た》たず、ひどく乱《みだ》れていること。ものごとが度《ど》をこしてはげしい様子《ようす》。

語源《ごげん》

仏教語《ぶっきょうご》で「自然《しぜん》のまま」を意味《いみ》する「無作《むさ》」、あるいは、中世《ちゅうせい》から近世《きんせい》にかけて使《つか》われた「むさと」が語源《ごげん》といわれている。「むさと」は「いいかげん」「やたらに」の意味《いみ》。また、漢字《かんじ》で「無茶苦茶《むちゃくちゃ》」と書《か》き、客《きゃく》にお茶《ちゃ》も出《だ》さない（無茶《むちゃ》）のは、とんでもないということから、この言葉《ことば》ができたという説《せつ》もある。

使《つか》い方《かた》

あしたまでに計算《けいさん》ドリル五十ページをやってくるようにと、先生《せんせい》がむちゃくちゃな宿題《しゅくだい》を出《だ》した。

カトリーヌ

「むちゃくちゃ」と「めちゃくちゃ」ってちがうのかしら。

シューイン

「むちゃ」の音《おと》を変《か》えただけで、意味《いみ》はまったく同《おな》じなんです。

ジョン

「むちゃくちゃ」の「くちゃ」っていうのは、苦《にが》いお茶《ちゃ》のことだろ?

カトリーヌ

そうよ。そんなお茶《ちゃ》を出《だ》すのは、非常識《ひじょうしき》でむちゃくちゃっていう意味《いみ》なのよね、きっと。

先生

残念《ざんねん》！「くちゃ」にはとくに意味《いみ》はないんだ。単《たん》に「むちゃ」を強調《きょうちょう》して、言葉《ことば》の調子《ちょうし》をととのえるためだけにつけられた、つけ足《た》しの言葉《ことば》なのさ。

ジョン

だけどシューインの家《いえ》に来《き》たお客《きゃく》さんは、さぞ「苦《にが》いお茶《ちゃ》」だっただろうな。

シューイン

むちゃくちゃはずかしいです。トホホ。

無《む》鉄《てっ》砲《ぽう》な

あ!
ジョン
また
そうじ
さぼってる!!
やべぇ…
あっ、
コラッ
逃《に》げるな!!
ぴょん
コラ〜ッ
ぴょん
うさぎ
コラ〜〜ッ
木《き》にとびうつり
うさぎ小屋《ごや》を
ふみつけて逃《に》げる
なんて…ジョンは
無鉄砲《むてっぽう》すぎる
いや…
それを
追《お》いかけている
カトリーヌの
ほうが
無鉄砲《むてっぽう》だと
思《おも》うな

意味《いみ》

なんの考《かんが》えもなく、勢《いきお》いで一気《いっき》に行動《こうどう》する。後先《あとさき》を考《かんが》えず、強引《ごういん》にやってしまうこと。

語源《ごげん》

正《ただ》しくは「無点法《むてんぽう》」と書《か》く。これは「漢《かん》文《ぶん》に送《おく》りがな、ふりがな、返《かえ》り点《てん》などの*訓点《くんてん》がついていなくて読《よ》みにくい」ことを意味《いみ》する。漢文《かんぶん》に訓点《くんてん》のついていない文章《ぶんしょう》はむずかしい。そのため、「成《な》り立《た》たない」「無意味《むいみ》である」という意味《いみ》になり、それが、「無鉄砲《むてっぽう》」に変化《へんか》したといわれている。

使《つか》い方《かた》

ボールがこっちへ飛《と》んできたからといって、中学生《ちゅうがくせい》の集団《しゅうだん》の中《なか》へ一人《ひとり》で文句《もんく》を言《い》いに行《い》くとは、なんて無鉄砲《むてっぽう》な子《こ》だろう。

ジョン

鉄砲《てっぽう》も持《も》たないで、狩《か》りや戦場《せんじょう》に出《で》かける、へんな勇気《ゆうき》のあるやつのことかと思《おも》ったぜ。

カトリーヌ

わたしは、狩《か》りや戦場《せんじょう》へ行《い》くのに、鉄砲《てっぽう》を持《も》っていくのを忘《わす》れる、おっちょこちょいのことかと思《おも》ったわ。

シューイン

そういう語源《ごげん》ではなかったということは、「無鉄《むてっ》砲《ぽう》」と書《か》くのは当《あ》て字《じ》なんですね。

先生

そのとおり。正《ただ》しくは上《うえ》にあるような「無点法《むてんぽう》」か、「無手法《むてほう》」と書《か》くんだよ。

シューイン

「無手《むて》」とは、なにも持《も》たない、つまりなにも考《かんが》えていないということなんですね。

先生

そうだよ。これによく似《に》た意味《いみ》の言葉《ことば》には、「むこうみず」「やみくもに」「無謀《むぼう》」などがあるね。

*訓点《くんてん》……漢文《かんぶん》を日本語《にほんご》で読《よ》むために、原文《げんぶん》につける文字《もじ》や記号《きごう》。

もっけの幸《さいわ》い

キャンプに来《き》た三人《にん》
まっ暗《くら》
なんだかもののけが出《で》てきそうですね
ガサガサ
きゃっ
ニャー
ホッ
な、なんだねこ…
ぎゅっ
カトリーヌ、おれがついてるからね
離《はな》してよバカ
バチン
あ〜ぁもっけの幸《さいわ》いとばかりに、そんなことするから
なんだよ自分《じぶん》からとびついてきたくせに

意味《いみ》

思《おも》いがけない幸運《こううん》。予定《よてい》になかったよいこと。

語源《ごげん》

「もっけ」とは、人《ひと》にたたりをするといわれる死霊《しりょう》や生《い》き霊《りょう》である「もののけ」のこと。それが室町時代《むろまちじだい》に、「意外《いがい》なこと」「思《おも》いがけないこと」という意味《いみ》になり、やがて「もっけの幸《さいわ》い」が、「思《おも》いがけない幸運《こううん》」という意味《いみ》で使《つか》われるようになった。

使《つか》い方《かた》

お母《かあ》さんが買《か》いものに行《い》ったのを**もっけの幸《さいわ》い**と、ぼくはテレビゲームをやりまくった。そのせいで宿題《しゅくだい》ができなくなり、次《つぎ》の日《ひ》、先生《せんせい》から大目玉《おおめだま》を食《く》らった。

カトリーヌ
どうして「化《ば》けもの」である「もののけ」が、「幸《こう》運《うん》」をあらわす言葉《ことば》の語源《ごげん》になったのかしら。

シューイン
もののけというのは、恐《おそ》ろしいだけでなく、ふしぎな力《ちから》を持《も》った存在《そんざい》と考《かんが》えられていたんです。

ジョン
コワイけれど、神様《かみさま》のような存在《そんざい》だったわけか？

先生
そう。むかしから「荒《あら》ぶる神《かみ》」といわれる神様《かみさま》がいたんだ。竜神《りゅうじん》とか、火《ひ》の神《かみ》とかね。そうした神《かみ》様《さま》は気性《きしょう》がはげしいけれど、ひじょうにふしぎな力《ちから》を持《も》っていると考《かんが》えられていたのさ。

シューイン
木《き》や石《いし》でも長《なが》い年月《ねんげつ》がたつと、やがて命《いのち》を持《も》ち、神《かみ》としてあがめられる、という信仰《しんこう》もありますね。

カトリーヌ
古《ふる》い大木《たいぼく》や大《おお》きな石《いし》なんかに、しめ縄《なわ》がかけられているのを見《み》たことがあるわ。ふしぎな怪《あや》しい物《もの》↓物《もの》の怪《け》↓もののけ↓もののけのさいわい↓もっけのさいわい、となったわけね。

八《や》百《お》長《ちょう》

シューインとカトリーヌが腕相撲《うでずもう》
どっちが勝《か》つと思《おも》う?
そりゃ男《おとこ》のシューインにきまってるさ
バチバチ
やりーっ
やったー
勝《か》ったわ
八百長《やおちょう》だろ!!
そうじゃなくて「花《はな》を持《も》たせた」ってことだよ
本気《ほんき》でやったんだけど…

意味《いみ》

スポーツやいろいろな競技《きょうぎ》などで、あらかじめ一方《いっぽう》が負《ま》けるように仕組《しく》んだ勝負《しょうぶ》のこと。

語源《ごげん》

明治《めいじ》のはじめ、八百屋《やおや》の長兵衛《ちょうべえ》という男《おとこ》がいた。この男《おとこ》はある相撲部屋《すもうべや》の親方《おやかた》に気《き》に入《い》られ、たびたび囲碁《いご》の相手《あいて》をさせられた。ふつうに勝負《しょうぶ》すると、いつも自分《じぶん》が勝《か》ってしまう。しかしそれでは親方《おやかた》のきげんが悪《わる》いので、ときどき負《ま》けてやることにした。そのことを長兵衛《ちょうべえ》の通称《つうしょう》から「八百長《やおちょう》」というようになった。

使《つか》い方《かた》

えっ、あの強《つよ》いチームが負《ま》けたって？　もしかして、**八百長《やおちょう》**じゃないのかい？

シューイン

人《ひと》の名前《なまえ》からできた言葉《ことば》なんですね。

ジョン

「八百長試合《やおちょうじあい》」なんていう言《い》い方《かた》を聞《き》くよな。

先生

長兵衛《ちょうべえ》さんは、ときどきわざと負《ま》けてあげたんだけど、必《かなら》ず一勝《しょう》一敗《ぱい》になるように、調整《ちょうせい》していたらしいよ。

カトリーヌ

いつも負《ま》けたら、わざとらしいものね。

シューイン

こんなちょっとしたことから、名前《なまえ》がいままでずっとのこってるなんて、すごいことですよね。

先生

日本《にほん》の言葉《ことば》の奥深《おくぶか》さを、こんなところにも感《かん》じることができるね。

カトリーヌ

「なれあい」とか「ばつを合《あ》わせる」なんて言葉《ことば》が意味《いみ》が近《ちか》いかしら。

やけくそ

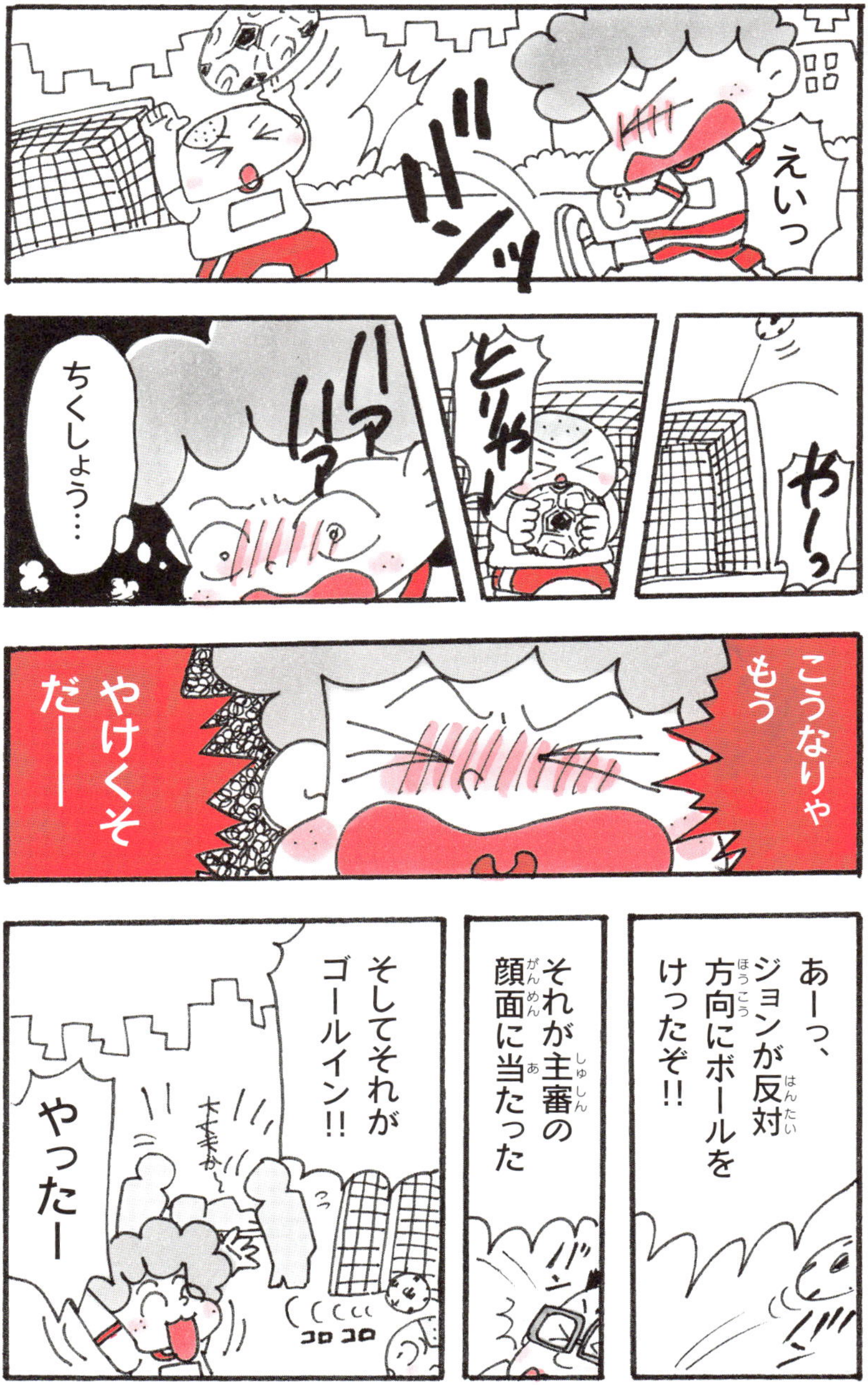
えいっ
やーっ
とりゃー
ハァハァ
ちくしょう…
こうなりゃもう
やけくそだーー
あーっ、ジョンが反対《はんたい》方向《ほうこう》にボールをけったぞ!!
それが主審《しゅしん》の顔面《がんめん》に当《あ》たった
そしてそれがゴールイン!!
やったー
コロコロ

意味《いみ》

ものごとが思《おも》いどおりにならないため、投《な》げやりな行動《こうどう》をとること。後先《あとさき》を考《かんが》えず、感情《かんじょう》にまかせた行動《こうどう》をとること。

語源《ごげん》

「やけ」とは、「厭気《いやけ》」のこと。「くそ」は、言葉《ことば》の意味《いみ》を強《つよ》める「こそ」が変化《へんか》したもの。つまり「厭気《いやけ》こそ」は「もう完全《かんぜん》にいやになってしまった」という意味《いみ》である。このほかに、「くそ」は不満《ふまん》をあらわし、「やけ」は、不満《ふまん》を爆発《ばくはつ》させている様子《ようす》という説《せつ》もあるが、いまではあきらかに誤《あやま》った考《かんが》えとされている。

使《つか》い方《かた》

あんなにがんばったのに、三十二点《てん》かよ！もう、やけくそだ。あそびまくるぞ！

カトリーヌ

いやあねえ、「やけくそ」だなんて。

シューイン

あれっ、カトリーヌ。もしかして、「焼《や》けたウンチ」とか思《おも》っていません？

ジョン

あはっ、そうなのか。ばっかだなあ。あれはそういう意味《いみ》じゃないんだぜ。

シューイン

上《うえ》の語源《ごげん》のところをよく読《よ》んでくださいな。「くそ」は「こそ」で、「へたくそ」のように言葉《ことば》の後《うし》ろについて、意味《いみ》を強《つよ》めるはたらきをしているんですよ。

先生

言葉《ことば》の前《まえ》にもつくんだよ。たとえば「くそまじめ」「くそどきょう」「くそ力《ぢから》」のようにね。ただし、強調《きょうちょう》するのはたしかなんだけど、どちらかといえば、マイナスの意味《いみ》に使《つか》われることが多《おお》いんだ。「すてばち」とか「自暴自棄《じぼうじき》」などが「やけくそ」に似《に》た意味《いみ》の言葉《ことば》といえるね。

ろくでなし

コロッ
三か…
う~ん なかなか 六の目《め》は 出《で》ないなぁ
六、出《で》ない ろくでない…
いくらやっても 六、出《で》ないじゃん "ろくでなし" だ――!!
アハハッ
ムッ
なに~
なんだよ
やる気《き》か――
こんなことで ケンカになる なんて、あんた たちもろくでなしね

意味《いみ》

のらくらしていて役《やく》に立《た》たない者《もの》。シャキッとしない者《もの》のこと。

語源《ごげん》

「ろく」は「陸」と書《か》く。これは大工道具《だいくどうぐ》の一つで、水平《すいへい》かどうかをはかる器具《きぐ》だった。そこから、物《もの》や性格《せいかく》が「まっすぐ」「ゆがんでいない」「正《ただ》しい」「まじめ」という意味《いみ》に転《てん》じた。「ろくでなし」は「陸《ろく》でなし」ということ。それが、「ふまじめな者《もの》」「役《やく》に立《た》たない者《もの》」など、よくない意味《いみ》で使《つか》われるようになった。

使《つか》い方《かた》

となりのおばさんが、大学《だいがく》に行《い》かずにあそんでばかりいる息子《むすこ》に向《む》かって、「この**ろくでなし**が！」とおこっていた。

カトリーヌ

シャンソンの名曲《めいきょく》に『ろくでなし』という歌《うた》があるわよ。

先生

日本《にほん》の歌《うた》にも『ろくなもんじゃねえ』っていうのがあるんだ。

ジョン

よく使《つか》われる言葉《ことば》だけど、まさか大工道具《だいくどうぐ》が語源《ごげん》とは思《おも》わなかったぜ。

シューイン

この言葉《ことば》って、否定形《ひていけい》というか打《う》ち消《け》しの意味《いみ》でしか使《つか》われないんですね。

先生

そうだね。「ろくに〜でない」という言《い》い方《かた》で使《つか》われる言葉《ことば》だね。「ろくろく〜ない」「ろくすっぽ〜ない」というようにね。よく「碌《ろく》」という文字《もじ》を使《つか》って「碌《ろく》で無《な》し」と書《か》かれるんだけど、これは完全《かんぜん》な当《あ》て字《じ》なんだ。

カトリーヌ

意味《いみ》のよく似《に》た言葉《ことば》には、「でれすけ」なんていうのがあるわ。

自然《しぜん》・動植物《どうしょくぶつ》の語源《ごげん》

ねこ

鳴《な》き声《ごえ》が「ねー、ねー」と聞《き》こえることから、そこに接尾語《せつびご》の「こ」をつけて「ねこ」になった。また、「とてもよく寝《ね》る動物《どうぶつ》」ということから「寝《ね》る子《こ》（寝子《ねこ》）」とよんだともいわれている。日光《にっこう》・東照宮《とうしょうぐう》の彫刻《ちょうこく》「眠《ねむ》り猫《ねこ》」が有名《ゆうめい》。

たぬき

たぬきは、きつねとならんで人《ひと》を化《ば》かす生《い》きものとして、多《おお》くの言《い》い伝《つた》えがある。人間《にんげん》の「魂《たましい》」をぬきとるから、たぬきに化《ば》かされるのだと信《しん》じられ、そこから「魂《たま》ぬき」といわれ、それが変化《へんか》して「たぬき」となったという。

ごきぶり

これは「ごきかぶり」が変化《へんか》してできた言葉《ことば》。「御器《ごき》」とは食器《しょっき》のこと。「かぶり」は「かぶりつく」。食器《しょっき》までもかじるということだ。明治《めいじ》までは「ごきかぶり」と言《い》っていたが、ある学者《がくしゃ》がうっかり「か」の字《じ》をぬかしたまま本《ほん》を出版《しゅっぱん》してしまった。それから、「ごきぶり」とよばれるようになった。

すみれ

植物学者《しょくぶつがくしゃ》の牧野富太郎《まきのとみたろう》は、すみれの花《はな》の形《かたち》が、大工道具《だいくどうぐ》の「墨入《すみい》れ」に似《に》ているところから、「墨入《すみい》れ」が「すみれ」になった、としている。墨入《すみい》れは、大工《だいく》などが材料《ざいりょう》の木材《もくざい》などに直線《ちょくせん》を引《ひ》くために使《つか》った道具《どうぐ》。ほかにもいろいろな説《せつ》がある。

稲妻《いなずま》

古《ふる》くは「稲夫《いなつま》」と書《か》いた。古代《こだい》、稲《いね》は実《み》をつけることから女性《じょせい》であると考《かんが》えられていた。そして雷《かみなり》が多《おお》い年《とし》は、雨《あめ》が多《おお》く稲《いね》が豊作《ほうさく》になるため、女性《じょせい》である稲《いね》は、男性《だんせい》である電光《でんこう》を受《う》けて実《み》をつけるのだと信《しん》じられていた。のちに「稲妻《いなずま》」の字《じ》が当《あ》てられた。

春一番《はるいちばん》

古《ふる》くから船乗《ふなの》りが使《つか》っていた言葉《ことば》が、気象《きしょう》用語《ようご》になったもの。江戸時代《えどじだい》の末《すえ》、長崎県《ながさきけん》沖《おき》に出《で》た漁師《りょうし》五十三名《めい》が、その年《とし》さいしょに吹《ふ》いた春《はる》の強風《きょうふう》で、全員遭難《ぜんいんそうなん》してしまった。その事件《じけん》から、春《はる》にはじめて吹《ふ》く強《つよ》い風《かぜ》を「春一《はるいち》」や「春一番《はるいちばん》」とよぶようになった。

気《き》になる言《こと》葉《ば》の語《ご》源《げん》 II

あっけらかん

意味《いみ》

まるでなにごともなかったかのように、けろっとしている様子《ようす》。意外《いがい》なことにぼう然《ぜん》となり、ポカンとしてしまうこと。

語源《ごげん》

あっけらかんの「あけ」は「開《あ》け」で、口《くち》を大《おお》きく開《あ》けている状態《じょうたい》のこと。あけ↓あんけ↓あんけらと変化《へんか》していき、「あんけらかん」となった。これは、現在《げんざい》も方言《ほうげん》としてのこっている。近世《きんせい》に入《はい》ると、同《おな》じ意味《いみ》の「あけらかん」という言葉《ことば》もみられるようになった。それに小《ちい》さな「っ」がつき、現在《げんざい》の「あっけらかん」という言葉《ことば》に変《か》わった。

使《つか》い方《かた》

友《とも》だちから借《か》りた、だいじな本《ほん》をなくしたっていうのに、あんな**あっけらかん**とした態《たい》度《ど》をとっていていいんだろうか。

あべこべ

意味《いみ》

反対《はんたい》のこと。ものごとの順序《じゅんじょ》や関係《かんけい》などが逆《ぎゃく》になっていること。引《ひ》っくり返《かえ》っていること。

語源《ごげん》

漢字《かんじ》では「彼辺此辺《あべこべ》」とか「彼方此方《あべこべ》」などと書《か》く。いずれも「彼《あ》（あっち）と此《こ》（こっち）」という反対《はんたい》の意味《いみ》を持《も》っており、このことから「ものごとの立場《たちば》や関係《かんけい》、位置《いち》などが逆《ぎゃく》になっていること」を示《しめ》している。また、『両京俚言考《りょうきょうりげんこう》』という江戸時代《えどじだい》に書《か》かれた書物《しょもつ》では「あちらべこちらべ」の略《りゃく》とされている。「あべこべ」で一つの言葉《ことば》であり、「あべ」と「こべ」とを分《わ》けて使《つか》うことはない。

使い方《つかいかた》

朝《あさ》、急《いそ》いでしたくをして学校《がっこう》へ行《い》ったけど、どうも服《ふく》の着心地《きごこち》がよくない。あとでよく見《み》たら、前《まえ》と後《うし》ろがあべこべだった。

ありがとう

うわっ90点《てん》
ありがとうございます
ジョン 90
「ありがとう」はもともと「めったにない」という意味《いみ》なのよ
ムッ
……40点《てん》
おっこれもめったにないことだ
「ありがとう」って言《い》わなきゃね
言《い》えません!!

意味《いみ》

感謝《かんしゃ》の気持《きも》ちをあらわすあいさつの言葉《ことば》。下《した》につく「ございます」「ぞんじます」を略《りゃく》した言《い》い方《かた》。

語源《ごげん》

もとは「有《あ》り難《がた》し」、つまり「あることがむずかしい（めったにない）」「めずらしくて貴重《きちょう》だ」という意味《いみ》。そういうことは、神様《かみさま》や仏様《ほとけさま》のいつくしみの心《こころ》によるものだと考《かんが》えられていた。それが江戸時代《えどじだい》に入《はい》ると、一般的《いっぱんてき》に感謝《かんしゃ》の気持《きも》ちをあらわす言葉《ことば》になった。ちなみに、ポルトガル語《ご》の「オブリガード（ありがとう）」が転《てん》じて「ありがとう」になったという説《せつ》もあるが、これはあきらかにまちがいである。

ほかの言《い》い回《まわ》し

- 感謝《かんしゃ》！
- 礼《れい》を言《い》う
- 恩《おん》に着《き》るよ
- ご親切《しんせつ》に

あわよくば

おじいちゃん
おばあちゃん
いらっしゃい
ハ〜イ
お茶《ちゃ》
いま、
お菓子《かし》も
持《も》ってくるね
肩《かた》も
おもみしますね
やさしいね
ジョンは
あわよくば、
おこづかいを
せしめようって
つもりね

意味《いみ》 **うまくいけば。都合《つごう》がよければ。思《おも》ったようにすいすいと事《こと》が運《はこ》べば。**

語源《ごげん》 「都合《つごう》がよい」「ちょうどよい」の意味《いみ》の「あわよし」からきている。「あわ」というのは「間《ま》」のこと。かつては「あわ」や「あわい」とよばれていた。「あわよくば」は、時間《じかん》の調整《ちょうせい》がうまくいけばといった、自分《じぶん》の都合《つごう》の善《よ》し悪《あ》しを意味《いみ》していたが、それが次第《しだい》に「運《うん》がよければ」という意味合《いみあ》いが強《つよ》くなっていった。

使《つか》い方《かた》 **この重《おも》いバットなら、あわよくば一発大逆転《いっぱつだいぎゃくてん》のホームランをねらうこともできる。**

言《い》い出《だ》しっぺ

とーっ
ジョン、また ふざけてる
今週《こんしゅう》の目標《もくひょう》の「そうじをしっかりやろう」って
ジョンが**言《い》い出《だ》しっぺ**じゃないの!
へへっ
プーッ
わっ
プ〜ッ
くさ〜
「**言《い》い出《だ》しっぺ**」じゃなくて「いたちのさいごっぺ」ですね

意味《いみ》

さいしょに言《い》い出《だ》した人《ひと》のこと。その話題《わだい》にさいしょに触《ふ》れた人《ひと》。さいしょに案《あん》を出《だ》した人《ひと》のこと。

語源《ごげん》

もともとは「言《い》いだし屁《べ》」という言葉《ことば》からきたもの。おならをしてしまった人《ひと》が、ほかの人《ひと》にばれないようにさいしょに「くさい!」と言《い》い出《だ》すことから生《う》まれた言葉《ことば》。そこから、さいしょに「自分《じぶん》がやったんじゃない」と主張《しゅちょう》した者《もの》が犯人《はんにん》だという意味《いみ》になり、ものごとをさいしょに言《い》い出《だ》した人《ひと》のことをさす言葉《ことば》になった。現在《げんざい》では「犯人《はんにん》」という意味《いみ》はうすれ、一般的《いっぱんてき》な言葉《ことば》として日常的《にちじょうてき》に用《もち》いられている。

使《つか》い方《かた》

「みんなでダイエットをしよう」という合《あ》い言葉《ことば》は、お父《とう》さんが**言《い》い出《だ》しっぺ**なのに、もう五杯《はい》もおかわりをしている。

いびき

意味《いみ》

寝《ね》ているときに、呼吸《こきゅう》とともにのどや鼻《はな》から出《で》る雑音《ざつおん》。いろいろな原因《げんいん》で空気《くうき》の通《とお》り道《みち》（気道《きどう》）がせまくなり、そこを出入《でい》りする空気《くうき》が気道《きどう》の一部《ぶ》を振動《しんどう》させて音《おと》が出《で》る。

語源《ごげん》

息《いき》を吸《す》ったり吐《は》いたりするところから、「息引《いび》き」や「息吹《いぶき》」などが変化《へんか》してできたという。漢字《かんじ》では「鼾《いびき》」と書《か》く。これは「鼻《はな》から出《で》る干声《かんせい》」という意味《いみ》である。「干声《かんせい》」は「大《おお》きな音《おと》」の意味《いみ》であり、これが小《ちい》さな音《おと》の場合《ばあい》には、いびきといわずに「寝息《ねいき》」ということが多《おお》い。一般的《いっぱんてき》には「いびきをかく」という言《い》い方《かた》をする。

いびきの言葉《ことば》

- **たかいびき**…音《おと》の大《おお》きないびき。
- **往復《おうふく》いびき**…息《いき》を吸《す》うときと吐《は》くときの両方《りょうほう》で起《お》こるいびき。

うそ八百《はっぴゃく》

じつは…
中国《ちゅうごく》には
UFO《ユーフォー》の
基地《きち》が
あるんです
中国《ちゅうごく》では
ギョーザの中《なか》に
生《なま》クリームを
入《い》れて
食《た》べるのが
はやってる
んです
ちょっと
シューイン
うそ八百《はっぴゃく》は
やめてよね
まあまあ
きょうは
四月一日《がつついたち》
だよ
4/1
エイプリル
フール

意味《いみ》

うそだらけ。言《い》うことがうそばかり。言《い》うことのなにもかもがでたらめであること。

語源《ごげん》

「うそ八百《はっぴゃく》」の「八百《はっぴゃく》」は、「八百回《かい》」というような具体的《ぐたいてき》な数《かず》のことではなく、「たくさんの」という数《かず》の多《おお》さを意味《いみ》する。江戸市中《えどしちゅう》には町《まち》の数《かず》が多《おお》いので「大江戸八百八町《おおえどはっぴゃくやちょう》」といったり、大阪市中《おおさかしちゅう》には橋《はし》が多《おお》いことから「八百八橋《はっぴゃくやばし》」といったりもした。もともと「八」という数《すう》字《じ》は「多《おお》くの」という意味《いみ》を持《も》つことから、たとえば、どこにも解決《かいけつ》策《さく》がないことを「八方《はっぽう》ふさがり」などと使《つか》うこともある。

使《つか》い方《かた》

先週《せんしゅう》はアフリカに行《い》ってきただって？ 先々週《せんせんしゅう》はスイスに行《い》ったって言《い》ってたぞ。あの子《こ》の言《い》うことは、**うそ八百《はっぴゃく》**で信用《しんよう》できない。

うのみにする

教科書《きょうかしょ》をさかさにして勉強《べんきょう》すると三倍《ばい》くらいおぼえがよくなるぞ
いいの？あの子《こ》の言《い》うことをうのみにして
そうですよ ホラふかれているんですよ！
え？ああ大丈夫《だいじょうぶ》
耳《みみ》せんしてたから

意味《いみ》

人《ひと》の言《い》うことなどを、十分考《じゅうぶんかんが》えることなく、そのまま受《う》け入《い》れてしまうこと。理解《りかい》しないまま、単純《たんじゅん》にとり入《い》れてしまうこと。

語源《ごげん》

長良川《ながらがわ》の鵜飼《うか》いで有名《ゆうめい》な「鵜《う》」という鳥《とり》がいる。この鵜《う》は水中《すいちゅう》でとらえた魚《さかな》を水面《すいめん》に出《で》てからのみこむ。鵜匠《うしょう》は、のみこむ前《まえ》に魚《さかな》をとりあげる。その鵜《う》と同《おな》じように、人《ひと》の言《い》うことに対《たい》してなにも考《かんが》えず、そのまま受《う》け入《い》れてしまうことを「うのみにする」というようになった。ほかにも説《せつ》はあるが、この説《せつ》が一般的《いっぱんてき》である。

使《つか》い方《かた》

あの人《ひと》の言《い》うことを**うのみにして**いると、ひどい目《め》にあうよ。もっと自分《じぶん》でよく考《かんが》えてから行動《こうどう》しなさい。

うわの空《そら》

意味《いみ》

人《ひと》の話《はなし》を聞《き》いているようで聞《き》いていないこと。ほかのことに心《こころ》がうばわれていて、集中《しゅうちゅう》していないこと。

語源《ごげん》

「うわの空《そら》」は、空《そら》の上方《じょうほう》のことで、平安時代《へいあんじだい》から使《つか》われはじめた言《こと》葉《ば》。当時《とうじ》は「心空《こころそら》なり」という言葉《ことば》があり、これはそわそわとおちつかない心《こころ》の状態《じょうたい》をあらわしていた。この「空《そら》なる心《こころ》」を強調《きょうちょう》する言《い》い方《かた》として「うわの空《そら》なる心《こころ》」と使《つか》われ、それがのちに「うわの空《そら》」とちぢめて用《もち》いられるようになった。また、「うわうわ」という言葉《ことば》があり、これには「おちつかない」「ふわふわしている」という意味《いみ》がある。

使《つか》い方《かた》

お姉《ねえ》ちゃんはいま、同《おな》じクラスの転校生《てんこうせい》に夢《む》中《ちゅう》だ。ぼくが話《はな》しかけても、てんでうわの空《そら》で、まじめに聞《き》いていないんだ。

おとなしい

意味《いみ》

性格《せいかく》やふるまいが静《しず》かで、おちついていること。おだやかであり、うるさくなく、らんぼうでもないこと。

語源《ごげん》

「おとな」からきている言葉《ことば》。おとなはおちついていて、考《かんが》え深《ぶか》く、軽々《かるがる》しいふるまいをしないものとされていた。おとならしい→おとなしいという意味《いみ》から、静《しず》かでおだやか、思慮深《しりょぶか》いといった意味《いみ》がふくまれるが、これは人間《にんげん》を中心《ちゅうしん》とする生《い》きものだけでなく、「この焼《や》き物《もの》の柄《がら》はおとなしい」「着物《きもの》のデザインがおとなしすぎる」など、さまざまな物《もの》に対《たい》しても使《つか》われる言葉《ことば》となった。

似《に》た意味《いみ》の言葉《ことば》

● **おだやか**…静《しず》かでおちついている様子《ようす》。
● **温厚《おんこう》**…おだやかでまじめなこと。
● **つつましい**…ものしずかでひかえめなこと。

おめおめ

意味《いみ》

はずかしいこととわかっていながら平気《へいき》な顔《かお》をしていること。恥知《はじし》らず。はずかしいことを理解《りかい》できない状態《じょうたい》。

語源《ごげん》

「おびえる」や「こわがる」という意味《いみ》を持《も》つ「おめ」をかさねた言葉《ことば》。本来《ほんらい》は、ひるんでおどおどした様子《ようす》をあらわす言葉《ことば》だったが、「はずかしいこととわかっていながら」という現在《げんざい》の意味《いみ》になった。「よくもまあ、恥《はじ》も知《し》らずに」という、人《ひと》をあざける意味《いみ》に使《つか》うことが多《おお》い。『平家物語《へいけものがたり》』に「おめおめと降人《こうにん》にこそ参《まい》りけれ」とあるが、これは「降参《こうさん》したくせに、よくもまあ、おめおめと来《こ》られたものだ」という意味《いみ》。

使《つか》い方《かた》

肝《きも》だめしなんてたいしたことないよと友《とも》だちに言《い》っているけど、**おめおめ**と逃《に》げ帰《かえ》ったくせに、よくも言《い》えたものだ。

おやつ

意味《いみ》

昼食《ちゅうしょく》と夕食《ゆうしょく》のあいだの三時《じ》ごろに食《た》べる、お菓子《かし》などの軽《かる》い食《た》べもの。

語源《ごげん》

江戸時代《えどじだい》の時刻《じこく》のはかり方《かた》で「八《や》つ」とよばれた、いまの午後《ごご》二時《じ》～四時《じ》ごろに、小昼《こひる》という間食《かんしょく》をとった。この「八《や》つ」どきが「おやつ」に変化《へんか》したもの。また京都《きょうと》や大阪《おおさか》の寺《てら》では、午後《ごご》二時《じ》ごろに修行《しゅぎょう》をはじめる合図《あいず》として、太鼓《たいこ》をたたいていた。これが「八《や》つの太鼓《たいこ》」だが、ていねいに「お」をつけて、「お八《や》つのたいこ」とよばれた。そのことから間食《かんしょく》にも「お」をつけて、「おやつ」になったという説《せつ》もある。

似《に》た意味《いみ》の言葉《ことば》

- **間食《かんしょく》**…きまった三度《ど》の食事《しょくじ》以外《いがい》に物《もの》を食《た》べること。
- **お三時《さんじ》**…午後《ごご》三時《じ》ごろに食《た》べる間食《かんしょく》。

かったるい

意味《いみ》

体《からだ》がだるい。体《からだ》がつかれて動《うご》かすのがわずらわしい状態《じょうたい》。もどかしい。

語源《ごげん》

もともとは、「かひ《い》なだゆし」といわれていた。「かひな（かいな・腕《うで》）」が、「だゆし（だるい）」という意味《いみ》である。これが、かひ《い》なだゆし→かひ《い》だゆし→かひ《い》だるい→かったるいと、変化《へんか》していったもの。このように、もともと「かったるい」は「腕《うで》がつかれてだるい」という意《い》味《み》だったが、それが体全体《からだぜんたい》のだるさや、気持《きも》ちがすっきりと晴《は》れない、という意味《いみ》にも使《つか》われるようになった。

似《に》た意味《いみ》の言葉《ことば》

- **だるい**…元気《げんき》がなく、なにもする気《き》になれない。
- **しんどい**…体《からだ》や気持《きも》ちがつかれて、どうにもならない。

かわいい

意味《いみ》

愛情《あいじょう》が満《み》ちあふれ、大切《たいせつ》に守《まも》ってあげたいと思《おも》う心《こころ》の状態《じょうたい》。心《こころ》が引《ひ》かれて仕方《しかた》のない様子《ようす》。愛《あい》らしい。

語源《ごげん》

もとは「かは《わ》ゆし」といい、「気《き》の毒《どく》」「かわいそう」という意味《いみ》だった。「かは《わ》ゆし」のもとは「かほ《お》はゆし（顔映《かおは》ゆし）」という言葉《ことば》で、「顔《かお》を向《む》けることもできない」という意味《いみ》から「気《き》の毒《どく》」「かわいそう」の意味《いみ》になった。それが正反対《せいはんたい》の「愛《あい》らしい」という意味《いみ》になったのは中世後半《ちゅうせいこうはん》からである。気《き》の毒《どく》↓守《まも》ってあげたい↓愛《あい》らしい↓かわいいというふうに変化《へんか》したとみられる。

似《に》た意味《いみ》の言葉《ことば》

- **愛《あい》くるしい**…あいきょうがあって、かわいらしいさま。
- **かれん**…かわいらしく、いじらしい。

かわりばんこ

重《おも》そうですね
持《も》ちましょう
シューイン
かわりばんこに
持《も》とう
そろそろ
目的地《もくてきち》ね
はい
ありがとうね

意味《いみ》

代《か》わるがわる交代《こうたい》で事《こと》をおこなうこと。

語源《ごげん》

有名《ゆうめい》な説《せつ》では、「むかし、鉄《てつ》を作《つく》る工場《こうじょう》では、たたらとよばれる道具《どうぐ》を使《つか》っていた。これは足《あし》でふんで空気《くうき》を送《おく》りつづける装置《そうち》のことで、たいへんな労働《ろうどう》だった。そこで、たたらをふむ作業《さぎょう》は交代《こうたい》でおこなわれ、その労働者《ろうどうしゃ》のことを番子《ばんこ》とよんだ。そのことから交代《こうたい》でなにかをすることを、かわりばんこ（代《か》わり番子《ばんこ》）というようになった」という。しかし、「代《か》わり番《ばん》」に「こ」をつけた言葉《ことば》とするのが一般的《いっぱんてき》である。

使《つか》い方《かた》

もちつきでは、もちをつくのと引《ひ》っくり返《かえ》すのは、**かわりばんこ**にやろうね。

ぎこちない

意味《いみ》

言葉《ことば》や動《うご》きになめらかさがなく、ぎくしゃくとしていて不自然《ふしぜん》な様子《ようす》。

語源《ごげん》

もとの言葉《ことば》は「ぎこつなし」。これは「失礼《しつれい》だ」「無作法《ぶさほう》である」という意味《いみ》である。「ぎこちない」の「こち」は「こつ（骨《こつ》）」を意味《いみ》しており、「こちなし」は「骨《ほね》のようにゴツゴツしていて、ぶしつけである。そのような姿《すがた》を見《み》せるのは無作法《ぶさほう》だ」という意味《いみ》になった。現在《げんざい》はそのような「無礼《ぶれい》」「無作法《ぶさほう》」という意味《いみ》はなくなり、単《たん》に動《うご》きがスムーズでないことをあらわしている。

使《つか》い方《かた》

英語《えいご》を習《なら》いはじめて二年《ねん》たつんだけど、先生《せんせい》から「まだ発音《はつおん》がぎこちないわよ」と言《い》われた。

気《き》の毒《どく》

しょんぼり
どうかしたんですか？
お金《かね》を落《お》としたんだって
まあお気《き》の毒《どく》ね
いくら落《お》としたの？
一万円《まんえん》入《はい》ったさいふから
えっ一万円《まんえん》も!!
ガクッ
十円玉《えんだま》が一個《こ》転《ころ》がって落《お》ちたんです

意味《いみ》

他人《たにん》が苦《くる》しんだり困《こま》ったりしていることに同情《どうじょう》すること。人《ひと》のつらい感《かん》情《じょう》を相手《あいて》の身《み》になってともに感《かん》じること。

語源《ごげん》

「楽《たの》しいこと」や「心《こころ》が安《やす》らぐこと」を「気《き》の薬《くすり》」というが、それに対《たい》する言葉《ことば》。もともとは自分自身《じぶんじしん》の心《こころ》に関《かん》して使《つか》う言葉《ことば》で、自分《じぶん》にとって「いやなこと」「気分《きぶん》が悪《わる》いこと」などを意味《いみ》した。それが次第《しだい》に、自分《じぶん》の苦《くる》しみと同《おな》じような気持《きも》ちで相手《あいて》のつらさを共感《きょうかん》することに意《い》味《み》が変化《へんか》した。これは他人《たにん》が苦《くる》しんでいる姿《すがた》に接《せっ》するのは、自分《じぶん》のことのようにつらいものだという意味《いみ》からの変化《へんか》である。

使《つか》い方《かた》

となりのお子《こ》さん、入《にゅう》院《いん》したお母《かあ》さんのお見《み》舞《ま》いの帰《かえ》りに、車《くるま》にひかれて、足《あし》の骨《ほね》を折《お》ったんですって。気《き》の毒《どく》にねえ。

苦《く》肉《にく》の策《さく》

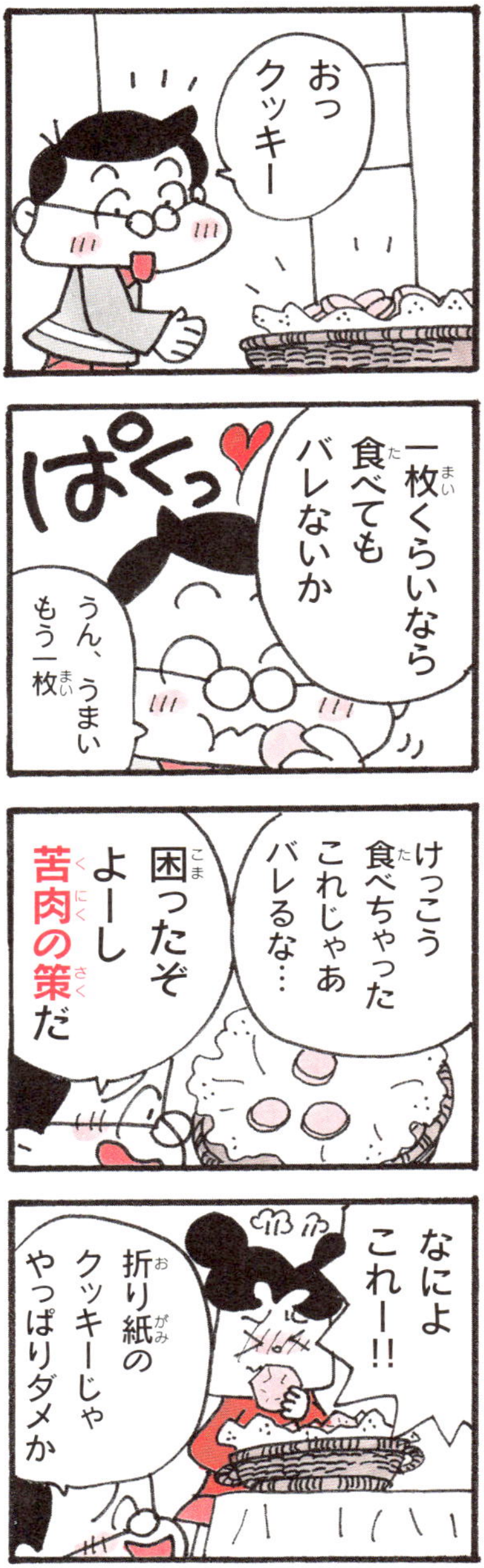

意味《いみ》

苦《くる》しまぎれに考《かんが》えだした手段《しゅだん》。いろいろと考《かんが》えあぐねた末《すえ》の策《さく》。

語源《ごげん》

「苦肉《くにく》」とは、敵《てき》の目《め》をあざむく手段《しゅだん》として、自分自身《じぶんじしん》や味方《みかた》をわざと苦《くる》しめること。敵《てき》を信用《しんよう》させてしまう心理《しんり》の逆《ぎゃく》をとる手段《しゅだん》である。このようにもともとは「自分自身《じぶんじしん》や味方《みかた》を苦《くる》しめる」ことをいったのだが、やがて「苦《くる》しまぎれに考《かんが》え出《だ》した手段《しゅだん》」「がけっぷちに立《た》たされて、どうにもならなくなって考《かんが》えた方法《ほうほう》」という意味《いみ》に変化《へんか》していった。

使い方《つかかた》

夏休《なつやす》みの工作《こうさく》が、このままではまにあいそうもない。苦《く》肉《にく》の策《さく》で、近所《じょきん》の大工《だいく》さんと仲《なか》よくすることにした。

首《くび》ったけ

うわっ ポスターだらけ
ジョンは最近《さいきん》このアイドルに首《くび》ったけね
首《くび》だけ？
なに言《い》ってんだ失礼《しつれい》な!!
じゃ〜ん
全身《ぜんしん》ポスターだってあるぞ

意味《いみ》

その人《ひと》のことで頭《あたま》の中《なか》がいっぱいで、夢中《むちゅう》になること。とくに異性《いせい》を思《おも》う気持《きも》ちが満《み》ちあふれている状態《じょうたい》。

語源《ごげん》

もともとは「首丈《くびたけ》」という言葉《ことば》だった。首丈《くびたけ》とは、足《あし》もとから首《くび》までのこと。つまりほぼ体全体《からだぜんたい》である。夢中《むちゅう》になって、「首《くび》から足先《あしさき》までどっぷりはまりこむ」という意味《いみ》で用《もち》いられるようになった。この言《こと》葉《ば》は江戸時代《えどじだい》に使《つか》われるようになった言葉《ことば》で、「首《くび》だけ」という言《い》い方《かた》もしていた。異性《いせい》に夢中《むちゅう》になるという意味《いみ》のほかに、気持《きも》ちの高《たか》ぶりがはげしいという意味《いみ》でも用《もち》いられた。

似《に》た意味《いみ》の言葉《ことば》

● **ぞっこん**…心《こころ》の底《そこ》から。本気《ほんき》で。

● **ほれる**…ある異性《いせい》が好《す》きになる。人《ひと》がらなどに心《こころ》ひかれる。

けちをつける

意味《いみ》

文句《もんく》やいやがらせを言《い》う。水《みず》を差《さ》すようなことを言《い》って、相手《あいて》の気分《きぶん》を悪《わる》くさせる。よくないことが起《お》こって、ものごとがうまくいかない。

語源《ごげん》

「けち」は、「けちんぼ」の「けち」ではない。縁起《えんぎ》の悪《わる》いことを意味《いみ》する「怪事《けじ》」が変化《へんか》した言葉《ことば》で、「ぶきみなこと」「あやしいこと」という意味《いみ》がある。その「けちがつく」で、「縁起《えんぎ》の悪《わる》いことが起《お》こる」、さらに「悪《わる》いうわさが立《た》って、なにをやっても思《おも》うようにうまく進《すす》まない」などの意味《いみ》になった。なお、「けちんぼう」の「けち」は「吝《け》嗇《ち》」と書《か》くので、別《べつ》の意味《いみ》だということがわかる。

使《つか》い方《かた》

前《まえ》からほしかったゲームソフトを買《か》ってもらったとぼくが言《い》ったら、その子《こ》は「それ、おもしろくないぜ」とけちをつけた。

紅《こう》一《いっ》点《てん》

意味《いみ》

多《おお》くの男性《だんせい》の中《なか》の、ただ一人《ひとり》の女性《じょせい》のこと。たくさんあるものの中《なか》で、とりわけて目立《めだ》っているもの。

語源《ごげん》

中国《ちゅうごく》の古《ふる》い詩《し》の中《なか》の「万緑叢中紅一点《ばんりょくそうちゅうこういってん》」からきた言葉《ことば》。これは「一面《いちめん》緑色《みどりいろ》をした草原《そうげん》の中《なか》で、たった一輪《りん》咲《さ》いている紅色《べにいろ》の花《はな》」という意味《いみ》である。日本《にほん》ではさいしょ、「たくさんの中《なか》で特別《とくべつ》にすぐれた物《もの》や人物《じんぶつ》」という意味《いみ》で広《ひろ》まった。それが次第《しだい》に「紅《べに》」という色《いろ》の持《も》つイメージから、「多《おお》くの男性《だんせい》の中《なか》にいる一人《ひとり》の女性《じょせい》」という意味《いみ》で使《つか》われるようになった。

使《つか》い方《かた》

ぼくのサッカーチームには、**紅一点《こういってん》**のルナちゃんがいる。そのルナちゃんが、チームのエースストライカーだ。

さげすむ

あ〜
今回《こんかい》のテストもダメか
くすっ
あっ、シューイン
いま、おれをさげすむような目《め》で見《み》たな
そんな
だったらなんでいま笑《わら》ったんだよ
テストの裏《うら》の落書《らくが》きがおもしろくて

意味《いみ》

人《ひと》を自分《じぶん》より低《ひく》く見下《みくだ》すこと。軽《けい》べつすること。

語源《ごげん》

もともとは建築用語《けんちくようご》の「下墨《さげすみ》」から。むかし、大工《だいく》さんが家《いえ》を建《た》てるとき、柱《はしら》が曲《ま》がっていないかどうかを確《たし》かめるのに、墨《すみ》をふくませた縄《なわ》の先《さき》に重《おも》りを垂《た》らして垂直《すいちょく》をはかった。仕事上《しごとじょう》、どうしても上《うえ》から下《した》を見下《みお》ろすようなかっこうになるので、「さげすみをみる」が「さげすむ」となった。本来《ほんらい》は、ものごとや人物《じんぶつ》を評価《ひょうか》する際《さい》に使《つか》われたが、現在《げんざい》では悪《わる》い意味《いみ》だけに使《つか》われるようになった。

使《つか》い方《かた》

あの子《こ》の足《あし》がおそいからといって、そんなさげすむような目《め》で見《み》るんじゃないよ。みんなからけいべつされるだけだぞ。

サボる

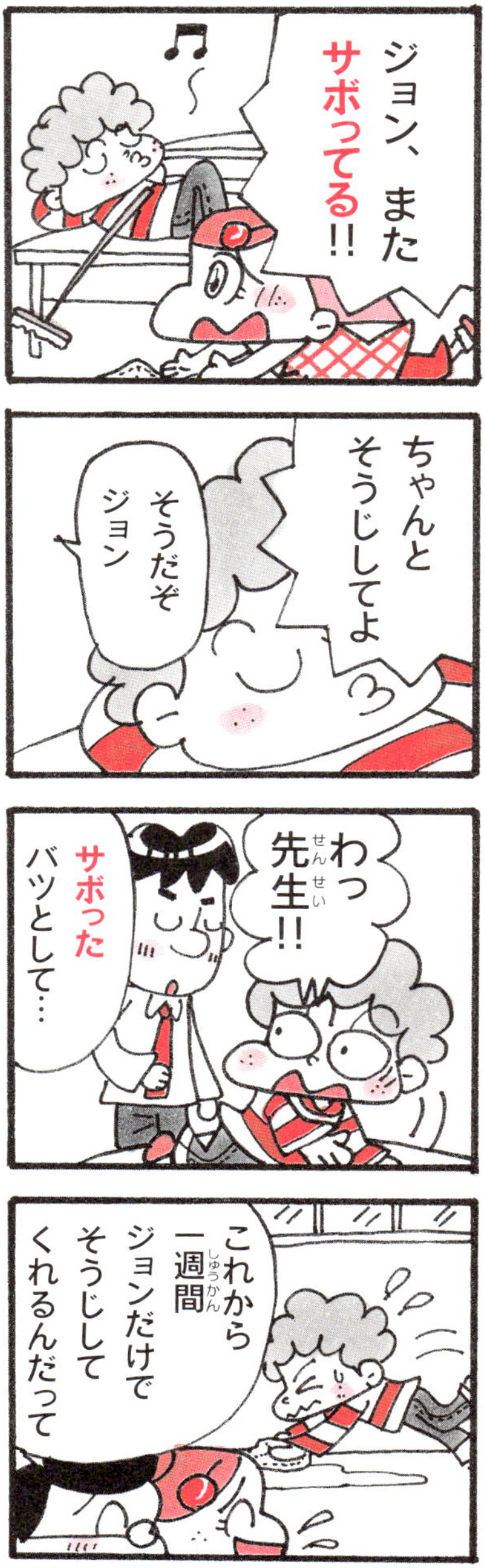
ジョン、また
サボってる!!
ちゃんと
そうじしてよ
そうだぞ
ジョン
わっ
先生《せんせい》!!
サボった
バツとして…
これから
一週間《しゅうかん》
ジョンだけで
そうじして
くれるんだって

意味《いみ》

自分《じぶん》がするべきことをせず、そのまま放《ほう》っておくこと。なまけて行動《こうどう》しないこと。

語源《ごげん》

これは、フランス語《ご》の「サボタージュ」から生《う》まれた言葉《ことば》。「サボ」というのは、フランスの労働者《ろうどうしゃ》がはいていた木靴《きぐつ》のこと。労働者《ろうどうしゃ》たちは、雇《やと》い主《ぬし》と待遇《たいぐう》の条件《じょうけん》などで争《あらそ》うとき、この「サボ」で機械《きかい》をけとばしてこわし、わざと仕事《しごと》をおくらせた。「サボる」は、「サボ」を動詞《どうし》にした言葉《ことば》。日本《にほん》では「なまける」という意味《いみ》が強《つよ》くなった。

似《に》た意味《いみ》の言葉《ことば》

- **手《て》をゆるめる**…全力《ぜんりょく》を出《だ》さない。
- **ずるける**…しなければならないことを、なまけてしない。

さもしい

意味《いみ》

いやしい。意地《いじ》きたない。あさましい。みすぼらしくて情《なさ》けない。心《こころ》がきたない。見苦《みぐる》しい。

語源《ごげん》

漢語《かんご》の「沙門《さもん》」からきた言葉《ことば》。「沙門《さもん》」とは、サンスクリット語《ご》で僧侶《そうりょ》（お坊《ぼう》さん）を意味《いみ》する言葉《ことば》「śramana」が変化《へんか》したもの。修行僧《しゅぎょうそう》（沙《さ》門《もん》）のみすぼらしい姿《すがた》から、「さもしい」という言葉《ことば》が生《う》まれたという。日本《にほん》でも平安時代末期《へいあんじだいまっき》から鎌倉時代《かまくらじだい》にかけて、好《この》ましくない行動《こうどう》をする僧侶《そうりょ》がふえた。「なまぐさ坊主《ぼうず》」などともよばれた彼《かれ》らの言動《げんどう》が影響《えいきょう》し、よくない意味《いみ》が定着《ていちゃく》してしまったといわれている。

使《つか》い方《かた》

家族《かぞく》といっしょにレストランへ行《い》った。弟《おとうと》は食《た》べ終《お》わったハンバーグの皿《さら》までなめている。ぼくはさもしいからよせ、と言《い》った。

生活《せいかつ》のなかに登場《とうじょう》する言葉《ことば》の語源《ごげん》

赤《あか》ちゃん

生《う》まれたばかりの新生児《しんせいじ》は、みな皮膚《ひふ》の色《いろ》が赤《あか》く見《み》えることからこうよばれた。「赤《あか》ん坊《ぼう》」「赤子《あかご》」ともいう。また「赤《あか》の他人《たにん》」や「まっ赤《か》なうそ」などのように、「赤《あか》」には「まったくなにもない」や「すっかり」「まるっきり」といった意味《いみ》もある。

赤《あか》ちゃんはカトリーヌよりかわいいいな
赤《あか》くなっておこるカトリーヌ

へそくり

おなかの中央《ちゅうおう》にある「おへそ」のことではない。もともと漢字《かんじ》では「綜麻《へそ》」と書《か》いた。綜麻《へそ》は、「おだまき」ともいって、つむいだ麻糸《あさいと》を丸《まる》く巻《ま》きつけた糸巻《いとま》きのこと。この綜麻《へそ》を繰《く》って余《あま》った糸《いと》が「へそくり」で、こっそりためたお金《かね》をいうようになった。

へそくりをかくすならむずかしそうな本《ほん》が、いちばんいいわね
百科事典
マンガ

べんとう

ひのきや杉《すぎ》などの木《き》をうすくけずり、それをまげてだ円形《えんけい》にした器《うつわ》を「面桶《めんつう》」といった。現在《げんざい》の「弁当箱《べんとうばこ》」である。武士《ぶし》たちが戦場《せんじょう》へ出《で》て戦《たたか》う際《さい》にも、面桶《めんつう》に食料《しょくりょう》を持《も》っていったという。「めんつう」がなまって、「べんとう」に変化《へんか》していった。なお「弁当《べんとう》」と書《か》くのは当《あ》て字《じ》である。

早《はや》くぼくのお弁当《べんとう》作《つく》ってよ
いま、お弁当箱《べんとうばこ》作《つく》ってるからそのあとでね

しおり

むかしの山道《やまみち》などはほとんど整備《せいび》されておらず、登《のぼ》ったら帰《かえ》り道《みち》がわからなくなることも多《おお》かった。そこで通《とお》る人《ひと》は木《き》の枝《えだ》を折《お》るなどして帰《かえ》りの目《め》じるしにした。そのようにして枝《えだ》を折《お》ることを「枝折《しお》る」といい、目《め》じるしの枝《えだ》を「しおり」といった。やがて読書中《どくしょちゅう》の箇所《かしょ》がわかるように、本《ほん》にはさむものも「しおり」というようになった。

ジョンに貸《か》した本《ほん》シールをしおりにしてるわ!!
ペタ

三拍子《さんびょうし》そろう

シンデレラ
ガール
コンテスト
ね…
わたしって…
かわいい
スタイルがいい
頭《あたま》がいい
――の
三拍子《さんびょうし》
そろってる
今度《こんど》コンテストに
応募《おうぼ》しようかな
図々《ずうずう》しい
品《ひん》がない
天然《てんねん》の
三拍子《さんびょうし》が
そろって
らあ
コラッ
わ〜〜ん
おっかないも
くわえて
四拍子《よんびょうし》ですね

意味《いみ》

三つの必要《ひつよう》な要素《ようそ》、または必要《ひつよう》な条件《じょうけん》がすべてそろっていて、完《かん》ぺきなこと。

語源《ごげん》

「三拍子《さんびょうし》」とは、能楽《のうがく》で用《もち》いる、太鼓《たいこ》、大鼓《おおつづみ》、小鼓《こつづみ》の三種類《しゅるい》の楽器《がっき》でとる拍子《ひょうし》のことをいう。曲《きょく》をかなでる際《さい》、この三つの拍子《ひょうし》がぴったりと合《あ》うことで正確《せいかく》な曲《きょく》となる。このことから、三つの大切《たいせつ》な要素《ようそ》がすべてそろうことで、理想的《りそうてき》な状態《じょうたい》になることを意味《いみ》する。また、「三」という数字《すうじ》にこだわることなく、あらゆる条件《じょうけん》がととのっているという、広《ひろ》い意味《いみ》にも用《もち》いられる言葉《ことば》である。

使《つか》い方《かた》

あのサッカー選手《せんしゅ》は、背《せ》が高《たか》くて、体力《たいりょく》もあり、ドリブルも速《はや》い。くやしいけど、**三拍子《さんびょうし》そろってる**。ほかの学校《がっこう》から注目《ちゅうもく》されるわけだ。

しあわせ

意味《いみ》 幸運《こううん》なこと。運《うん》が向《む》いてくること。ついていること。

語源《ごげん》 「しあわせ」は、室町時代《むろまちじだい》に生《う》まれた言葉《ことば》で、もともとは「めぐり合《あ》わせ」という意味《いみ》があり、「仕合《しあ》わせ」という漢字《かんじ》を当《あ》てた。当時《とうじ》は、「めぐり合《あ》わせがよい」ことを「しあわせがよい」、「めぐり合《あ》わせが悪《わる》い」ことを「しあわせが悪《わる》い」という言《い》い方《かた》をしていた。しかし江戸時代《えどじだい》に入《はい》ると、「しあわせ」だけで「幸福《こうふく》」を意味《いみ》するようになった。

似《に》た意味《いみ》の言葉《ことば》

- **さいわい**…幸運《こううん》にめぐまれて、ものごとがうまくいくこと。
- **幸福《こうふく》**…心《こころ》が満《み》ちたりていて、楽《たの》しいこと。

しょうがない

クリームパフェ「大《だい》」を一つ
ピッ
また太《ふと》るわよ
「小《しょう》」がないんだからしょうがないんですよ
つまんねぇおやじギャグ
しょうがあるぜ
あーっショウガをパフェにのせてる!!
ドサッ

意味《いみ》

ほかによい手段《しゅだん》がない。どうしようもない。どうにもならない。

語源《ごげん》

本来《ほんらい》は「ょ」ではなく「よ」を使《つか》い、「しようがない（仕様《しよう》がない）」と書《か》く。「仕様《しよう》」とは「することの様子《ようす》」という意味《いみ》で、手段《しゅだん》や方法《ほうほう》のことを指《さ》している。そこから「しようがない」は、「とるべき手段《しゅだん》がない」「解決《かいけつ》する方法《ほうほう》がない」ということで、あきらめの意味《いみ》を持《も》つようになった。このほか「まったく、しょうがない子《こ》ねえ」というように、あきれた気持《きも》ちをあらわす使《つか》い方《かた》もある。

似《に》た意味《いみ》の言葉《ことば》

- **仕方《しかた》がない**…やむをえない。
- **よしない**…ほかに方《ほう》法《ほう》がない。どうしようもない。

しらをきる

意味《いみ》

知《し》っているのに、知《し》らないと言《い》いはること。知《し》っていながら知《し》らないふりをすること。

語源《ごげん》

「しら」とは「知《し》らぬ」を省略《しょうりゃく》した言葉《ことば》。「しらじらしい」の「しら」も、ここからきている。「きる」は「その行動《こうどう》を強《つよ》い調子《ちょうし》で示《しめ》すこと」を意味《いみ》する。たとえば「たんかをきる」は強《つよ》い調子《ちょうし》でまくし立《た》てること、「見得《みえ》をきる」は、大《おお》げさな動《うご》き、すばやい動《うご》きで自分《じぶん》のことを誇《ほこ》らしげに示《しめ》すという意味《いみ》になる。つまり「しらをきる」とは、「知《し》っているのに、知《し》らないと強《つよ》い口調《くちょう》で主張《しゅちょう》すること」となる。

使《つか》い方《かた》

花《か》びんを割《わ》ったのは、たしかにあの人《ひと》だ。ぼくが見《み》ていたのに、「自《じ》分《ぶん》は割《わ》っていない」と、あくまで**しらをきる**つもりらしい。

すっぱぬく

おーい
みんな
カトリーヌ
って
日本舞踏《にほんぶよう》を
習《なら》ってるんだぜ
そのわりに
ちっとも
おしとやかに
ならないよな
よくもひみつを
すっぱぬいて
くれたわね
ねー
みんな
ジョンって
まだママと
寝《ね》てるんで
すってよ
お、おい
そんなこと
すっぱぬくなよ
よーし
それなら
やれやれ
いつまで
続《つづ》くやら

意味《いみ》

人《ひと》のひみつやかくしごとなどを、いきなりみんなに公表《こうひょう》すること。

語源《ごげん》

「すっぱ」とは、のちの忍者《にんじゃ》のこと。このすっぱは、武士《ぶし》のように理由《りゆう》をのべてから刀《かたな》をぬくのではなく、いきなりぬきはなった。そこから、人《ひと》を出《だ》しぬいて、ひみつをあばくことを「すっぱぬく」というようになった。有名《ゆうめい》な武将《ぶしょう》の楠木正成《くすのきまさしげ》は、この「すっぱ」を大《おお》ぜいかかえ、つねに敵《てき》の情報《じょうほう》を収集《しゅうしゅう》して戦略《せんりゃく》を立《た》てたともいわれている。

使《つか》い方《かた》

十七歳《さい》だということになっていたあのアイドルが、じつは二十一歳《さい》だったという事実《じじつ》が、雑誌《ざっし》にすっぱぬかれた。

すねかじり

ねえ、あの人《ひと》
すねかじりらしいわよ
ボサボサ
えええーっ
パッ
意味《いみ》がちがいますよ
はくしょん
それにだれもジョンのすねなんてかじりませんよ

意味《いみ》 **自分《じぶん》で働《はたら》かず、親《おや》や兄弟《きょうだい》などから生活費《せいかつひ》をもらって暮《く》らすこと。**

語源《ごげん》 「すね」は、人間《にんげん》が立《た》って働《はたら》くのを支《ささ》える重要《じゅうよう》な部分《ぶぶん》であり、懸命《けんめい》に働《はたら》くことを「すねから火《ひ》を出《だ》す」ともいう。その、すねから火《ひ》を出《だ》すようにして、一生懸命《いっしょうけんめい》に働《はたら》いている親《おや》や兄弟《きょうだい》にすがって暮《く》らすことから、この言葉《ことば》が生《う》まれた。働《はたら》くことの代名詞《だいめいし》として使《つか》われる「すね」を、外《そと》からかじる（自分《じぶん》で働《はたら》かない）という意味《いみ》を持《も》っている。

使《つか》い方《かた》 あの子《こ》のお兄《にい》さんは、いつまでも自分《じぶん》で働《はたら》かずにあそんでいるから、みんなから「親《おや》の**すねかじり**」と言《い》われているらしい。

ずぼら

ジョンたら
またズボンを
ぬぎちらかして
まったく
ずぼら
なんだから
えっ、
ズボン？
ちがうわよ
ずぼらよ
ふうん
ズボンのことは
ズボンでやれ？
ふわぁ～い
わかりました
だめだこりゃ
コロン

意味《いみ》

いいかげんで、だらしない。するべきことをきちんとしないこと。またはそういう人《ひと》をさす言葉《ことば》。

語源《ごげん》

坊主《ぼうず》の「ず」と「ぼう」をさかさにしてできた言葉《ことば》で、このような言《こと》葉《ば》を倒語《とうご》という。「坊《ぼう》」とは寺《てら》のことであり、お坊《ぼう》さんはそこの主《あるじ》なので「坊《ぼう》の主《あるじ》（坊主《ぼうず》）」となった。むかし坊主《ぼうず》の中《なか》には、きちんと修行《しゅぎょう》をしなかったり、酒《さけ》におぼれたりと、いいかげんな者《もの》もいた。そうしたお坊《ぼう》さんのことを、坊主《ぼうず》の反対《はんたい》という意味《いみ》で「ずぼう」といい、やがてそれが変化《へんか》して、「ずぼら」というようになった。

使《つか》い方《かた》

家《いえ》のきまりは守《まも》らない。約束《やくそく》はいつも忘《わす》れる。ほんとにウチの父《とう》さんは、**ずぼら**だなあ。

関《せき》の山《やま》

やったー八十点《てん》だ
わーい
ジョンにとってはその点数《てんすう》が関《せき》の山《やま》ね
ムッ
わたしもこの点数《てんすう》を取《と》るのが関《せき》の山《やま》なの
ピラ
100点《てん》…
ムッ
ほほほ

意味《いみ》

できることの限界《げんかい》。それ以上《いじょう》はできないギリギリのところ。せいぜいがんばってもそんなていどと、相手《あいて》を見《み》くだした意味《いみ》で使《つか》うこともある。

語源《ごげん》

「関《せき》の山《やま》」の「関《せき》」は、三重県《みえけん》にある関町《せきまち》（現在《げんざい》の亀山市《かめやまし》）のこと。「山《やま》」は祭《まつ》りに登場《とうじょう》する「山車《だし》」のことである。京都《きょうと》・八坂神社《やさかじんじゃ》の祇園《ぎおん》祭《まつり》に出《だ》される関町《せきまち》の「山車《だし》」は、とてもりっぱなものだった。そのため、まわりの人《ひと》たちに「これ以上《いじょう》みごとな山《やま》は作《つく》れないだろう」と思《おも》われ、精一杯《せいいっぱい》の限度《げんど》をあらわす「関《せき》の山《やま》」という言葉《ことば》が生《う》まれた。

使《つか》い方《かた》

お兄《にい》ちゃんがめずらしく、がんばって勉強《べんきょう》してるけど、まあ、二時《じ》間《かん》ぐらいが**関《せき》の山《やま》**だろうな。

そそっかしい

ハッ
ガバッ
キャ～～もう8時《じ》～
ちこくしちゃう～
バタバタ
行《い》ってきま～す
ちょっとカトリーヌ
ムグ
ランドセル忘《わす》れてるし…
ホント、あの子《こ》は**そそっかしい**わね
…

意味《いみ》

態度《たいど》や行動《こうどう》におちつきがない。あわて者《もの》である。不注意《ふちゅうい》でなにかと失敗《しっぱい》をしがち。軽《かる》はずみである。

語源《ごげん》

むかし、馬《うま》を追《お》うときのかけ声《ごえ》を「そ」といい、その「そ」をかさねて「そそ」といった。馬《うま》を追《お》うときは急《いそ》がなくてはならない。そこから人《ひと》をせきたてるという意味《いみ》を持《も》つようになった。また急《いそ》ぐという意味《いみ》の「そそく」から「そそかしい」となり、さらに強調《きょうちょう》する「っ」をつけて「そそっかしい」になったという説《せつ》もある。急《いそ》ぐとおちつきがなくなったり、失敗《しっぱい》したりしがちなことから現在《げんざい》の意味《いみ》になった。

使《つか》い方《かた》

漢字《かんじ》のテストで「王子《おうじ》」と「玉子《たまご》」をまちがえるなんて、あいつも**そそっかしい**やつだなぁ。

大根役者《だいこんやくしゃ》

あ～あ
この人《ひと》
大根役者《だいこんやくしゃ》ね
色《いろ》が白《しろ》い
からですか？
ちがうわよ
あー
わかった
足《あし》が
太《ふと》い
からだ!!
ムッ

意味《いみ》 芸《げい》の下手《へた》な役者《やくしゃ》。未熟《みじゅく》な芸《げい》の役者《やくしゃ》をばかにしていう言葉《ことば》。

語源《ごげん》 大根《だいこん》には消化《しょうか》を助《たす》けるはたらきがあり、めったに食《しょく》あたりをしない食《しょく》品《ひん》として、むかしから食《た》べられている。この「あたらない」ということが「あたりのとれない役者《やくしゃ》」、つまり「人気《にんき》の出《で》ない役者《やくしゃ》」、そして「演技《えんぎ》の下手《へた》な役者《やくしゃ》」という意味《いみ》になった。単《たん》に「大根《だいこん》」とよぶこともある。「大根《だいこん》」の体《からだ》へのよいはたらきからきた言葉《ことば》ではあるが、けっしてほめ言葉《ことば》ではない。

使《つか》い方《かた》 あんな**大根役者《だいこんやくしゃ》**を主役《しゅやく》にしたら、せっかくの感動的《かんどうてき》な台本《だいほん》が、台無《だいな》しになっちゃうよ。

大《だい》丈《じょう》夫《ぶ》

へへーん
両手《りょうて》
はなし
うまいだろ
ジョン
あぶないわよ
わ〜っ
どてん
いてて…
あっ、
キャベツに
ラーメン
食《しょく》パンに…
けっこう
買《か》いましたね
特売《とくばい》でしたか?
そんなことの前《まえ》に
「大丈夫《だいじょうぶ》ですか?」
でしょうが!

意味《いみ》

平気《へいき》。心配《しんぱい》ない。気《き》にかける必要《ひつよう》がないこと。

語源《ごげん》

中国《ちゅうごく》の周《しゅう》の時代《じだい》には、成人《せいじん》した男子《だんし》の平均身長《へいきんしんちょう》は「一丈《じょう》（百八十センチ）」だったという。そこで一人前《いちにんまえ》の男子《だんし》を「丈夫《じょうぶ》（大《おお》きく育《そだ》った男《だん》子《し》）」とよんだ。その「丈夫《じょうぶ》」にさらに「すぐれた」「りっぱな」という意味《いみ》の「大《だい》」をつけ、「心《こころ》も体《からだ》もりっぱに育《そだ》った一人前《いちにんまえ》の男性《だんせい》」のことを、「大丈夫《だいじょうぶ》」とよんだ。それが次第《しだい》に「心配《しんぱい》がない」「あぶなげがない」という意味《いみ》に変化《へんか》していった言葉《ことば》である。

似《に》た意味《いみ》の言葉《ことば》

- **無難《ぶなん》**…安全無事《あんぜんぶじ》なこと。非難《ひなん》される点《てん》がないこと。
- **あぶなげない**…見《み》ていて不安《ふあん》を感《かん》じない。

たかがしれる

意味《いみ》 たいしたことはない。ていどがわかっていて、「たかがしれている」という言《い》い方《かた》をすることが多《おお》い。

語源《ごげん》 「たか」は「高《たか》」と書《か》き、「残高《ざんだか》」「石高《こくだか》」「生産高《せいさんだか》」などと使《つか》われ、金《きん》額《がく》、数量《すうりょう》、能力《のうりょく》のていどなどをあらわしている。つまりその「高《たか》が知《し》れる」ということは、「どれくらいの力《ちから》かわかっている」という意味《いみ》で、「どうせたいしたことはない」という、相手《あいて》を軽《かる》く見《み》た意味《いみ》の言葉《ことば》になった。「たかが～だろう」「たかだか～くらいのものだ」なども、同《おな》じ「高《たか》」である。

使《つか》い方《かた》 雪《ゆき》が降《ふ》るっていう天気《てんき》予報《よほう》だけど、関東地方《かんとうちほう》に降《ふ》る雪《ゆき》なんて、日本《にほん》海側《かいがわ》に比《くら》べたら、**たかがしれてる**さ。

立《た》ち往生《おうじょう》

意味《いみ》

せっぱつまって、身動《みうご》きのとれない状態《じょうたい》になってしまうこと。行《い》きづまってどうしていいかわからず、なにもできない状態《じょうたい》。

語源《ごげん》

もともとの意味《いみ》は「立《た》ったまま死《し》ぬ」こと。源義経《みなもとのよしつね》の家来《けらい》となった武蔵坊弁慶《むさしぼうべんけい》は、「衣川《ころもがわ》の戦《たたか》い」で大《おお》ぜいの敵《てき》を相手《あいて》にして必死《ひっし》に戦《たたか》った。義経《よしつね》を守《まも》ってなぎなたをふるい、雨《あめ》のような矢《や》を受《う》けてもなおも義経《よしつね》を守《まも》ろうとし、立《た》ったまま死《し》んだという。この「弁慶《べんけい》の立《た》ち往生《おうじょう》」の話《はなし》は有名《ゆうめい》である。このことから、進《すす》むことも退《しりぞ》くこともできなくなったときのたとえとして、この言葉《ことば》が使《つか》われるようになった。

使《つか》い方《かた》

土砂《どしゃ》くずれで線路《せんろ》がふさがり、電車《でんしゃ》がストップした。そのため、ぼくらはここで**立《た》ち往生《おうじょう》**するはめになった。

たぬき寝《ね》入《い》り

意味《いみ》

自分《じぶん》にとってなにか都合《つごう》の悪《わる》いことがあったとき、その場《ば》をのがれようと寝《ね》たふりをしてとぼけること。

語源《ごげん》

たぬきは鉄砲《てっぽう》などの大《おお》きな音《おと》がすると、じっと身動《みうご》きしなくなる。だが、つかまえようとするとパッと起《お》き上《あ》がり、すたこら逃《に》げることがよくある。その様子《ようす》から、たぬきは寝《ね》たふりをして人間《にんげん》をだますのだといわれるようになった。ここから「たぬき寝《ね》入《い》り」という言葉《ことば》ができた。実際《じっさい》のところ、たぬきはおくびょうで、大《おお》きな音《おと》を聞《き》くとおどろいて、一時的《いちじてき》に気《き》を失《うしな》ってしまうのが真相《しんそう》のようだ。

使《つか》い方《かた》

「先生《せんせい》から電話《でんわ》よ」と、お母《かあ》さんに言《い》われて、ぼくが寝《ね》たふりをしていたら、「なに、**たぬき寝《ね》入《い》り**してるのよ」とどなられた。

たまげる

意味《いみ》

ひじょうにおどろく。びっくりする。

語源《ごげん》

「たまげる」の「たま」とは「魂《たましい》」のこと。怪談《かいだん》に登場《とうじょう》する「ひとだま」は「人《ひと》の魂《たましい》」という意味《いみ》。そのほかには「肝《きも》っ魂《たま》」という言葉《ことば》もある。「げる」は「消《き》える」が、ちぢまってできた言葉《ことば》。つまり「たまげる」は「魂消《たまき》える」と書《か》き、「たましいが消《き》えてしまうほど、びっくりする」という意味《いみ》になる。さらにおどろく表現《ひょうげん》になると、「おったまげる」「うったまげる」などがある。

似《に》た意味《いみ》の言葉《ことば》

「おどろく」「びっくりする」がそうだが、「**たまげる**」は、それより度《ど》合《あ》いの強《つよ》い意味《いみ》で使《つか》われる。

ちぐはぐ

意味《いみ》

することや意見《いけん》が食《く》いちがい、ものごとがうまく進《すす》まないこと。一対《いっつい》で成《な》りたつべきものが、ぴったり合《あ》っていないこと。

語源《ごげん》

「ちぐ」は金《かな》づち、「はぐ」は釘《くぎ》ぬきのことである。この二つの道具《どうぐ》は、物《もの》を作《つく》るときには欠《か》かせない。しかし、金《かな》づちと釘《くぎ》ぬきを代《か》わるがわる使《つか》っていては、ちっとも仕事《しごと》がはかどらない。また、金《かな》づちが必要《ひつよう》な場面《ばめん》で釘《くぎ》ぬきを渡《わた》したり、その反対《はんたい》をやったりと、とんちんかんなことをしていても、仕事《しごと》は進《すす》まない。このように、うまくかみあわない様子《ようす》から「ちぐはぐ」という言葉《ことば》が生《う》まれた。

使《つか》い方《かた》

きょうのテニスの試《し》合《あい》、ダブルスを組《く》んだ二人《ふたり》は、動《うご》きがどうもちぐはぐで、失点《しってん》をかさねて敗《やぶ》れてしまった。

てんやわんや

意味《いみ》

大《おお》ぜいの人《ひと》がごったがえす中《なか》で、それぞれが勝手《かって》に動《うご》きまわり大混乱《だいこんらん》になること。

語源《ごげん》

「てんでん」と「わや」が合《あ》わさった言葉《ことば》。「てんでん」は、「手《て》に手《て》に」が変化《へんか》して、「それぞれ」「おのおの」の意味《いみ》になった。各自《かくじ》が自《じ》分勝手《ぶんかって》に行動《こうどう》するという意味《いみ》の、「てんでんばらばら」などのように使《つか》われる。「わや」には「むり」「むちゃ」の意味《いみ》があり、それがやがて「わんや」に変化《へんか》した。それにともなって「てんでん」も「てんや」に変化《へんか》し、「てんやわんや」という言葉《ことば》が生《う》まれた。

使《つか》い方《かた》

台所《だいどころ》にねずみがあらわれた。それが居間《いま》のほうへ逃《に》げこんだものだから、家《いえ》じゅう、てんやわんやの大《おお》さわぎになった。

どぎもをぬく

意味《いみ》

ひじょうにおどろかせること。思《おも》いもしなかったことに、相手《あいて》の目《め》を見《み》張《は》らせること。

語源《ごげん》

「どぎもをぬく」は漢字《かんじ》で「度肝《どぎも》を抜《ぬ》く」と書《か》く。「肝《きも》」は肝臓《かんぞう》などの内臓《ないぞう》の総称《そうしょう》だったが、その中《なか》に「心《こころ》」があると考《かんが》えられ、「肝《きも》」そのものに感情《かんじょう》や精神《せいしん》、気力《きりょく》などがあるのだと思《おも》われていた。そこから「感《かん》情《じょう》や気力《きりょく》をぬきとるほどおどろかされる」といった意味《いみ》で「どぎもをぬく」というようになった。「度《ど》」は下《した》を強調《きょうちょう》するための言葉《ことば》で、当《あ》て字《じ》である。「ど根性《こんじょう》」「どアホ」などと同《おな》じ役割《やくわり》を持《も》つ。

使《つか》い方《かた》

小学生《しょうがくせい》のとき、いつも後《うし》ろを走《はし》っていたあの子《こ》が、オリンピックのマラソンで金《きん》メダルをとった。**どぎもをぬかれた**よ。

とてつもない

シューイン
なに作《つく》るの？
ぼくは 大《おお》きな 料理《りょうり》を 作《つく》るんです
ホカホカ
できた～ 巨大肉《きょだいにく》まん
とてつもなく 大《おお》きな 肉《にく》まんね…
だけどきっと シューインなら 一人分《ひとりぶん》だね
とてつもなく 大《おお》きな 胃袋《いぶくろ》
ぺろん

意味《いみ》

ものすごく。途方《とほう》もない。とんでもないこと。常識《じょうしき》を大《おお》きくはずれていること。

語源《ごげん》

漢字《かんじ》では「途轍《とてつ》もない」と書《か》く。「途《と》」は「道《みち》」のこと。「轍《てつ》」は、「わだち（車《くるま》が通過《つうか》したあとにのこる車輪《しゃりん》のみぞ）」のことを意味《いみ》しており、そこから「筋道《すじみち》」「ものの道理《どうり》」という意味《いみ》を持《も》つようになった。つまり「途轍《とてつ》もない」とは、「道《みち》をはずれている」「飛《と》びぬけている」ということから、「常識《じょうしき》では考《かんが》えられないほど、ものすごい」という、ものごとの度合《どあ》いを意味《いみ》する言葉《ことば》になった。

使《つか》い方《かた》

東京《とうきょう》スカイツリーって、六百三十四メートルもあるんだね。足《あし》もとまで行《い》って、とてつもなく高《たか》いことを実感《じっかん》したよ。

とどのつまり

意味《いみ》 いろいろなことを試《ため》してみたその結果《けっか》、行《い》きついたところ。ようするに。

語源《ごげん》 「とどのつまり」の「とど」は、「ボラ」という魚《さかな》のことである。アシカ科《か》のほ乳類《にゅうるい》のことではない。ボラは、成長《せいちょう》するにつれて呼《よ》び名《な》が変《か》わる。稚魚《ちぎょ》は「ハク」、小形《こがた》のものを「オボコ・スバシリ」といい、つづいて「イナ」、おとなに成長《せいちょう》したものを「ボラ」、そして最終的《さいしゅうてき》に「トド」とよばれるようになる。最後《さいご》の名前《なまえ》が「トド」というところから最後《さいご》はトド、「とどのつまり」という言葉《ことば》が生《う》まれた。

使《つか》い方《かた》 いろいろと話《はな》し合《あ》いをしたが、**とどのつまり**、給食当番《きゅうしょくとうばん》は毎週交代《まいしゅうこうたい》するのがいちばんよいということになった。

とばっちり

あっ
わたしの
スープが
いやねえ
とんだ
とばっちりだわ
ごめんごめん
おれのと
取《と》りかえる
からさ
あ…
わっ
バシャ
ぼくの
服《ふく》が…
こっちまで
とばっちりを
食《く》いました

意味《いみ》

ぐうぜん近《ちか》くにいたために、被害《ひがい》を受《う》けること。まきぞえを食《く》うこと。

語源《ごげん》

水《みず》が勢《いきお》いよく飛《と》び出《だ》すことを「ほとばしる」という。岩《いわ》や大石《おおいし》などの割《わ》れ目《め》・すき間《ま》から水《みず》が飛《と》び出《で》ていることを「とばしり」というのは、ここからきた言葉《ことば》。この「とばしり」を、水《みず》がはげしく飛《と》びちることから「とばちり」とよび、さらにそれを強調《きょうちょう》して「とばっちり」という言葉《ことば》が生《う》まれた。飛《と》びちった水《みず》で着物《きもの》がぬれてめいわくを受《う》ける様子《ようす》から「まきぞえを食《く》う」という意味《いみ》になった言葉《ことば》である。

使《つか》い方《かた》

お姉《ねえ》ちゃんに「きょうテストだったんでしょ」と言《い》ったら、「うるさいわね」と、おこられた。とほほ、とんだ、**とばっちり**だ。

どんぶりかんじょう

フリマ いろいろ 出《で》てるね
この 焼《や》き物《もの》 いくらですか
五百円《えん》 くらい かのう…
くらい…って ずいぶん どんぶりかんじょう ですね
一まわり してから また来《き》ます
これ いくら
三百円《えん》 くらい かのう
本当《ほんとう》に、どんぶり かんじょうね

意味《いみ》 **お金《かね》の計算《けいさん》を正確《せいかく》にせず、だいたいで決《き》めてしまうこと。**

語源《ごげん》 江戸時代《えどじだい》の職人《しょくにん》は、たいてい「はんてん」の下《した》に、大《おお》きな腹掛《はらが》けをしていて、その中《なか》にお金《かね》や小物《こもの》などを入《い》れていた。その大《おお》きな物入《ものい》れが、食《た》べものを入《い》れる大《おお》きな器《うつわ》の「どんぶり」に似《に》ていたことから「どんぶり」とよんだ。その「どんぶり」からお金《かね》を出《だ》し入《い》れしていたことから、大《おお》ざっぱな支払《しはら》いの仕方《しかた》を「どんぶりかんじょう」といったのである。「かんじょう」とは、お金《かね》の計算《けいさん》のこと。

使《つか》い方《かた》 **弟《おとうと》のおこづかい帳《ちょう》は、よく見《み》ると、だいたいの金額《きんがく》ばかりで、あてにならないどんぶりかんじょうだ。**

学校《がっこう》のなかに登場《とうじょう》する言葉《ことば》の語源《ごげん》

給食《きゅうしょく》

語源《ごげん》は、大《おお》むかしの日本《にほん》の制度《せいど》にまでさかのぼる。当時《とうじ》の政府《せいふ》は、優秀《ゆうしゅう》な役人《やくにん》を育《そだ》てるため、大学《だいがく》の学生《がくせい》は全員寮《ぜんいんりょう》に入《い》れ、そこで出《だ》した食事《しょくじ》を「給食《きゅうしょく》」といった。その後《ご》一八八九年《ねん》（明治《めいじ》二十二年《ねん》）に、山形県《やまがたけん》の小学校《しょうがっこう》ではじめて学校給食《がっこうきゅうしょく》が試《ため》された。

あ～給食《きゅうしょく》
食《た》べてるときが
いちばんしあわせ
MILK

うんてい

多《おお》くの校庭《こうてい》に設置《せっち》されている、金属製《きんぞくせい》のはしご状《じょう》のものにぶらさがって移動《いどう》する遊具《ゆうぐ》。漢字《かんじ》では「雲梯《うんてい》」と書《か》く。これはむかし、中国《ちゅうごく》で戦《たたか》いに使《つか》った長《なが》いはしごのことで、「雲《くも》にとどきそうな長《なが》いはしご」という意味《いみ》。このときの雲梯《うんてい》は、折《お》りたたみ式《しき》だった。

雲《くも》までとどく
うんていが
あったらいいなぁ

踊《おど》り場《ば》

階段《かいだん》の途中《とちゅう》にある少《すこ》し広《ひろ》くて平《たい》らな場所《ばしょ》のことで、一直線《いっちょくせん》に上《あ》がる階段《かいだん》にはこれがない。踊《おど》り場《ば》つきの階段《かいだん》は、明治時代《めいじじだい》に西洋《せいよう》建築《けんちく》を取《と》り入《い》れたころから登場《とうじょう》する。当時《とうじ》の西洋建築《せいようけんちく》は、身分《みぶん》の高《たか》い外国人《がいこくじん》を中心《ちゅうしん》とした社交場《しゃこうじょう》で、ドレスで着《き》かざった女性《じょせい》がここを通《とお》るとき、まるで踊《おど》っているように見《み》えたことから、この名前《なまえ》がついた。

カトリーヌが 踊《おど》り場《ば》で 踊《おど》っていて ジャマで 下《お》りられないよ
こっちは 上《あ》がれない…

机《つくえ》

突《つ》きだした四本《ほん》の枝《えだ》で平《たい》らな台《だい》を支《ささ》えているように見《み》えることから、「つきえ（突《つ》き枝《え》）」とよび、それが転《てん》じて「つくえ」となった。漢字《かんじ》の「机《つくえ》」の「几」は象形文字《しょうけいもじ》で、脚《あし》のついた「つくえ」の形《かたち》をかたどって作《つく》られた文字《もじ》である。

象《ぞう》がのっても こわれない 机《つくえ》でございます
さすが象形文字《しょうけいもじ》 からできた机《つくえ》

なぞなぞ

ねえ なぞなぞ やろう
いやだよ 小《ちい》さい子《こ》じゃ あるまいし
シューイン どうしちゃったの？
なぞなぞ やろう
ふーむ やはり そうでしたか
NOTE
「なぞなぞに関《かん》する小学生《しょうがくせい》の意識調査《いしきちょうさ》」…
むずかしいことやってたのね

意味《いみ》

とんちのきいた問題《もんだい》を出《だ》して、相手《あいて》に解答《かいとう》させるあそび。論理的《ろんりてき》でなく、「引《ひ》っかけ」や「だじゃれ」の要素《ようそ》をふくんだものも多《おお》い。

語源《ごげん》

むかしは、相手《あいて》になにかを問《と》うとき、「〇〇とはなにぞ」といって問《と》いかけた。この「なにぞ」がつまって「なぞ」になり、「なぞなぞ」とかさねていう言葉《ことば》が生《う》まれた。平安時代《へいあんじだい》に書《か》かれた『枕草子《まくらのそうし》』にも、左《さ》右《ゆう》に分《わ》かれて問題《もんだい》を出《だ》し合《あ》う「なぞなぞあはせ」というあそびのあったことがしるされている。また室町時代《むろまちじだい》には、「なぞだて」という、なぞを集《あつ》めた本《ほん》も多《おお》く出《だ》されている。

似《に》た意味《いみ》の言葉《ことば》

● **なぞかけ**…「〇とかけて×と解《と》く、その心《こころ》は？」というなぞなぞの一種《いっしゅ》。たとえば、カエルとかけて城《しろ》と解《と》く→殿様《とのさま》もいます。

なまいき

意味《いみ》

自分《じぶん》の年齢《ねんれい》や立場《たちば》などを考《かんが》えず、えらそうな口《くち》をきいたり、出《で》すぎた態度《たいど》をとったりすること。

語源《ごげん》

漢字《かんじ》では「生意気《なまいき》」と書《か》く。「生《なま》」とは、まだ十分《じゅうぶん》でない状態《じょうたい》のことで「生焼《なまや》け」「生《なま》ぬるい」などと使《つか》う。この「生意気《なまいき》」の場合《ばあい》には、年齢《ねんれい》や立場《たちば》、経験《けいけん》、能力《のうりょく》などが、まだ十分《じゅうぶん》でないことをさす。また「意気《いき》」は「粋《いき》」につながる言葉《ことば》で、「気《き》だて」や「気性《きしょう》」などのことをいう。実力《じつりょく》もないのに気持《きも》ちばかりが先行《せんこう》して、得意《とくい》になっている様子《ようす》などに、この言葉《ことば》が使《つか》われる。

似《に》た意味《いみ》の言葉《ことば》

- **しゃらくさい**…しゃれたまねをして、なまいきであること。
- **こざかしい**…利口《りこう》ぶってなまいきだ。ずるくてぬけめのない。

ねこばば

意味《いみ》

悪《わる》いことをかくして、そ知《し》らぬ顔《かお》をすること。拾《ひろ》ったものを、そのままこっそり自分《じぶん》のものにしてしまうこと。

語源《ごげん》

「ねこばば」の「ばば」とは、フンのことをさす幼児語《ようじご》。ねこはフンをしたあとで、後《うし》ろ足《あし》でパッパと砂《すな》をかけ、そ知《し》らぬ顔《かお》でどこかへ行《い》ってしまう。その様子《ようす》から生《う》まれた言葉《ことば》。江戸時代《えどじだい》の後半以降《こうはんいこう》に用《もち》いられるようになった言葉《ことば》である。なお、ねこ好《ず》きの老婆《ろうば》が欲《よく》ばりで、借《か》りた金《かね》をしらんぷりしてなかなか返《かえ》さなかったことから、この言葉《ことば》ができたとする説《せつ》もある。

使《つか》い方《かた》

道《みち》でサイフを拾《ひろ》い、交番《こうばん》にとどけようとバッグにしまったら、弟《おとうと》が「お兄《にい》ちゃん、**ねこばば**しちゃだめだよ!」と大声《おおごえ》を出《だ》した。

のるかそるか

意味《いみ》

うまくいくかどうかはわからないが、運《うん》を天《てん》にまかせ、思《おも》いきって行動《こうどう》すること。勝負《しょうぶ》に出《で》ること。漢字《かんじ》では「伸《の》るか反《そ》るか」と書《か》く。

語源《ごげん》

「のる」は「まっすぐに長《なが》くのびる」こと。「そる」は「後《うし》ろにまがる」ことを意味《いみ》する。矢《や》を作《つく》る矢師《やし》は作業《さぎょう》のとき、竹《たけ》のまがりを修正《しゅうせい》する型《かた》に、矢《や》にする竹《たけ》を入《い》れて乾燥《かんそう》させる。そこから取《と》り出《だ》した竹《たけ》は、少《すこ》しでもまがっていたら使《つか》いものにならず、捨《す》てるしかなかった。矢師《やし》が型《かた》から「のるかそるか（まっすぐか、まがっているか）」を気《き》にしながら竹《たけ》を取《と》り出《だ》したことから、この言葉《ことば》が生《う》まれた。

使《つか》い方《かた》

親《しん》せきのおじさんがお父《とう》さんに、「のるかそるか、思《おも》いきって勝負《しょうぶ》してみろよ」と言《い》っていた。どうやら、新《あたら》しい会社《かいしゃ》をはじめるらしい。

はっぱをかける

みんな
がんばって
集《あつ》めるぞ
がんばれ
がんばれ
ジョンが
めずらしく
みんなに
はっぱを
かけてるわ
どんっ
わっ
ジョン
はっぱを
かけられ
ましたね

意味《いみ》

気合《きあ》いを入《い》れてはげますこと。強《つよ》い言葉《ことば》で激励《げきれい》する。

語源《ごげん》

「はっぱ」は漢字《かんじ》で「発破《はっぱ》」と書《か》く。これは、鉱山《こうざん》や土木工事《どぼくこうじ》などで、爆《ばく》薬《やく》を使《つか》って岩石《がんせき》などを爆破《ばくは》することをいう。現在《げんざい》では、ダイナマイトなどを使《つか》って、古《ふる》くなった建物《たてもの》を破壊《はかい》したり、山《やま》を切《き》りくずしたり、地質《ちしつ》調査《ちょうさ》のために地面《じめん》を震動《しんどう》させたりしている。このように局面《きょくめん》を打《う》ちやぶるという意味《いみ》あいで、相手《あいて》に向《む》かって力強《ちからづよ》くはげまし、言葉《ことば》をかけることをたとえて、「発破《はっぱ》をかける」というようになった。

使《つか》い方《かた》

わたしが放課後《ほうかご》、校庭《こうてい》を走《はし》っていたら、先生《せんせい》から「もっとスピードをあげろ。入賞《にゅうしょう》はむずかしいぞ」とはっぱをかけられた。

ひとりぼっち

意味《いみ》

たった一人《ひとり》でいること。ほかに身寄《みよ》りも仲間《なかま》もいないこと。

語源《ごげん》

「ぼっち」は「法師《ほうし》」が変化《へんか》してできた言葉《ことば》。つまり「ひとりほうし」が、もとの言葉《ことば》である。「法師《ほうし》」とは小僧《こぞう》、子《こ》どものこと。むかし、この「法師《ほうし》」は、相手《あいて》をバカにして使《つか》う言葉《ことば》で、だれも相手《あいて》にしてくれない情《なさ》けないやつ」といった気持《きも》ちがふくまれていた。また「独《ひと》り法《ほう》師《し》」と書《か》いて、宗派《しゅうは》・教団《きょうだん》に属《ぞく》していない、あるいはそこから離《はな》れた僧侶《そうりょ》から、この言葉《ことば》はきているとする説《せつ》もある。

似《に》た意味《いみ》の言葉《ことば》

- **単独《たんどく》**…たった一人《ひとり》で。
- **孤独《こどく》**…心《こころ》の通《つう》じる相《あい》手《て》もいず、さびしい気持《きも》ちでいること。

べそをかく

はい
誕生日《たんじょうび》
プレゼント
ありがとう
うるうる…
ジョンは
いいやつ
だなぁ
うるうる
なんで
ジョンまでべそを
かいてるの?
これを
買《か》ったら
おこづかいが
ほとんど
なくなったことに
いま気《き》がついた

意味《いみ》

子《こ》どもが泣《な》きそうな顔《かお》になること。大泣《おおな》きする一歩手前《いっぽてまえ》で、泣《な》き出《だ》しそうになっている状態《じょうたい》を「半《はん》べそ」ということがある。

語源《ごげん》

関東地方《かんとうちほう》に、「おっぺす」という方言《ほうげん》がある。これは「押《お》す」ことだが、この「ぺす」は「へす（圧《へ》す）」であり、強《つよ》く押《お》さえるという意味《いみ》がある。泣《な》きそうになるときには、自然《しぜん》と口《くち》を押《お》さえつけたようにゆがんだ形《かたち》になる。そのことから「へし口《ぐち》」という言葉《ことば》ができた。棒《ぼう》をへし折《お》るなどと使《つか》う、あの「へし」である。そして、へし口《ぐち》になる→へし口《ぐち》をつくる→へし口《ぐち》をかく→べそをかく、と変化《へんか》していった。

使《つか》い方《かた》

アイスを一口《ひとくち》もらっただけなのに、弟《おとうと》は**べそをかいて**、お母《かあ》さんに言《い》いつけた。

へっぴりごし

シューイン
がんばれ
なんだ、あの
へっぴりごし
あれじゃ
打《う》てないね
カーン
わっ
ホームラン
すごいじゃない
シューイン!!
おれは
腰《こし》が
ぬけたぁ…

意味《いみ》

自信《じしん》がなく、おどおどした態度《たいど》のこと。びくびくしている様子《ようす》。漢字《かんじ》では「屁《へ》っ放《ぴ》り腰《ごし》」と書《か》く。

語源《ごげん》

「へっぴり」は「へひり」が変化《へんか》した言葉《ことば》。「へをひる（おならをする）」という意味《いみ》である。足《あし》もとが不安定《ふあんてい》な場所《ばしょ》や高《たか》いところなどにいると、中腰《ちゅうごし》で腰《こし》を後《うし》ろに引《ひ》いた不安定《ふあんてい》な形《かたち》になる。まるで、おならをするときのようなかっこうであることから、「へっぴりごし」という言葉《ことば》が生《う》まれた。人《ひと》は自信《じしん》がないときに、この「へっぴりごし」になることから、おどおどした態度《たいど》のことも、こうよぶようになった。

使《つか》い方《かた》

お父《とう》さんは高《たか》いところが苦手《にがて》だ。いまも**へっぴりごし**で、はしごにのぼり、屋根《やね》に上《あ》がったバドミントンの羽根《はね》を拾《ひろ》っている。

まじめ

意味《いみ》

真剣《しんけん》なこと。誠意《せいい》がこもっていて、本気《ほんき》であること。いいかげんな気持《きも》ちでものごとを考《かんが》えたり、行動《こうどう》したりしないこと。またはそうした性格《せいかく》。

語源《ごげん》

「まじめ」の「まじ」は、さかんにまばたきをするさま。真剣《しんけん》にじっと見《み》つめることを、「まじまじと見《み》る」という。「まじめ」の「め」は「目《め》」のことである。このように、緊張《きんちょう》してまばたきをしながら人《ひと》の話《はなし》を聞《き》いたりする誠実《せいじつ》な顔《かお》つきから、これを「まじまじと見《み》る目《め》（まじめ）」とよぶようになった。さらに顔《かお》つきだけでなく、態度全般《たいどぜんぱん》のことをさすようになった。

似《に》た意味《いみ》の言葉《ことば》

- **誠実《せいじつ》**…まごころのある様子《ようす》や人《ひと》のこと。
- **実直《じっちょく》**…心《こころ》がまっすぐで裏表《うらおもて》のないこと。

水入《みずい》らず

家族《かぞく》水入《みずい》らずのだんらんいいわよね
こんばんはあそびに来《き》ました
いらっしゃい
うちもあそびに来《き》ました
ようこそ
ご近所《きんじょ》水入《みずい》らずっていうのもまっ、いいか

意味《いみ》

家族《かぞく》など、内輪《うちわ》の者《もの》だけで、他人《たにん》をまじえないこと。

語源《ごげん》

「水《みず》と油《あぶら》」という言葉《ことば》がある。これは、しっくりと解《と》けあわない者《もの》どうしが同《おな》じ場所《ばしょ》にいることのたとえで、混《ま》ざり合《あ》わない、という意味《いみ》である。これに対《たい》し、家族《かぞく》や夫婦《ふうふ》、親子《おやこ》など、親《した》しい者《もの》だけが集《あつ》まった状態《じょうたい》を「水入《みずい》らず」というようになった。つまり「油《あぶら》」が内輪《うちわ》の者《もの》・親《した》しい者《もの》で、「水《みず》」が他人《たにん》を意味《いみ》しており、「水入《みずい》らず」は「心地《ここち》よい状態《じょうたい》」のことをいう。

使《つか》い方《かた》

父《ちち》と母《はは》の話《はなし》にとつぜん、となりのおばさんが割《わ》りこんだらしく、「せっかく夫婦《ふうふ》**水入《みずい》らず**で話《はな》していたのに」と母《はは》がおこっていた。

みっともない

あした試合《しあい》やるぞ
え
ぼく、グローブ持《も》ってません
じゃあミットでもいいよ
ミットもありません
まさに「みっともない」ね

意味《いみ》

見《み》た目《め》がよくない。見苦《みぐる》しい。見《み》たくもない。

語源《ごげん》

中世《ちゅうせい》のころに使《つか》われていた「見《み》たくもなし」が「見た《みと》うもなし」になり、その後《ご》、「見《み》とうもない」そして「見《み》ともない」と変化《へんか》した。さらに近世後期《きんせいこうき》になって「みっともない」という言葉《ことば》になった。もともとは、そのままの「見《み》たくない」だったが、現代《げんだい》では「見《み》たくもないほど見苦《みぐる》しい」という意味《いみ》に用《もち》いられ、それが一般的《いっぱんてき》になった。

似《に》た意味《いみ》の言葉《ことば》

❶**品《ひん》がない**…上品《じょうひん》さがなくいやしい感《かん》じ

❷**野暮《やぼ》ったい**…容姿《ようし》が見《み》おとりする

「**みっともない**」は❶と❷の二つの意味《いみ》がある。

虫《むし》の知《し》らせ

意味《いみ》 悪《わる》い予感《よかん》がすること。よくないことが起《お》こりそうな気《き》がすること。

語源《ごげん》 ここでいう「虫《むし》」とは、人間《にんげん》の体《からだ》の中《なか》にすみついて、感情《かんじょう》や意識《いしき》にさまざまなはたらきかけをすると考《かんが》えられていたもののこと。潜在意識《せんざいいしき》や「第六感《だいろっかん》」とよばれるものがこれに近《ちか》い。「虫《むし》が好《す》かない」「虫《むし》の居《い》どころが悪《わる》い」「虫《むし》がいい」「腹《はら》の虫《むし》がおさまらない」などの「虫《むし》」も、同様《どうよう》に感情《かんじょう》や意識《いしき》のことをさしている。

使《つか》い方《かた》 とつぜん**虫《むし》の知《し》らせ**でいやな予感《よかん》がしたので、あわてて家《いえ》に帰《かえ》ると、ポチがけがをして苦《くる》しんでいた。

むなしい

意味《いみ》 はかない。充実感《じゅうじつかん》がない。内容《ないよう》にとぼしい。

語源《ごげん》 「むなしい」は「実無《みな》し（身《み》なし）」から転《てん》じた言葉《ことば》。みなし→むなし→むなしい、と変化《へんか》していった。また、空《そら》に向《む》かってもなにもなく、果《は》てがないことから、漢字《かんじ》では「空《むな》しい」と書《か》く説《せつ》もある。形《かたち》ばかりで中身《なかみ》が充実《じゅうじつ》していないことを残念《ざんねん》に思《おも》う気持《きも》ちから、「みじめである」「わびしい」「うつろ」「はかない」といった意味《いみ》もふくまれている。

使《つか》い方《かた》 友《とも》だちに誕生日《たんじょうび》プレゼントを渡《わた》したら、「あら、誕生日《たんじょうび》は先週《せんしゅう》だったのよ」と、あっさり言《い》われ、**むなしい**思《おも》いをした。

めりはり

ジョン
授業中《じゅぎょうちゅう》くらい
ちゃんとして
そうだよ
勉強《べんきょう》する
ときは
しっかり勉強《べんきょう》
あそぶときは
楽《たの》しくあそぶ
めりはりつけてね
じゃ〜
いまは…
あそぶぞ〜
だっておれ
アメリカから
来《き》たから…
時差《じさ》が
あるんだもん

意味《いみ》

強弱《きょうじゃく》のこと。区切《くぎ》り。分別《ふんべつ》。気持《きも》ちの切《き》りかえ。けじめをつけること。

語源《ごげん》

漢字《かんじ》では「減《め》り張《は》り」と書《か》く。もともと、歌舞伎《かぶき》の演技《えんぎ》の強弱《きょうじゃく》や、雅楽《ががく》などの音《おと》の強弱《きょうじゃく》を意味《いみ》する言葉《ことば》で、「減《め》り」は歌舞伎《かぶき》では、おさえ目《め》な演技《えんぎ》をすること、雅楽《ががく》では音程《おんてい》を低《ひく》くすることである。いっぽうの「張《は》り」は、歌舞伎《かぶき》では強調《きょうちょう》したはでな演技《えんぎ》、雅楽《ががく》では音程《おんてい》を上《あ》げることを意味《いみ》する。強弱《きょうじゃく》のついた演技《えんぎ》や音楽《おんがく》は、みる者《もの》・聴《き》く者《もの》を引《ひ》きつけることから、「けじめのついた行動《こうどう》」を意味《いみ》するようになっていった。

使《つか》い方《かた》

家《いえ》の中《なか》でだらだらとテレビを見《み》ていたら、お母《かあ》さんに「もっと生活《せいかつ》に、めりはりをつけなさい」と注意《ちゅうい》された。

めんくらう

あら、ジョン
めずらしく勉強《べんきょう》しているのね
あ…
マンガ
どうしたんだジョン**めんくらった**ような顔《かお》をして
いや…**めんくらう**んじゃなくて…
これからお説教《せっきょう》をくらうとこなんだ

意味《いみ》

とつぜんのことにおどろき、あわてふためくこと。思《おも》ってもみなかった出来事《できごと》に、あぜんとして言葉《ことば》も出《で》ない状態《じょうたい》。

語源《ごげん》

むかしは「トチノキの実《み》」を粉《こな》にして、餅《もち》や麺《めん》にして食《た》べていた。この実《み》をすりつぶした粉《こな》は、あっという間《ま》にかたくなってしまうため、大急《おおいそ》ぎで棒《ぼう》を使《つか》ってのばさなくてはならない。この棒《ぼう》を「トチめん棒《ぼう》」とよんだ。この棒《ぼう》を使《つか》って作業《さぎょう》する姿《すがた》が、あわてふためいているように見《み》えたことから、あわてることを「トチめん棒《ぼう》をふるう」となり、それが「トチめん棒《ぼう》をくらう」、「めんくらう」と変化《へんか》した。

使《つか》い方《かた》

いきなり先生《せんせい》に名指《なざ》しされて、予習《よしゅう》していなかったところを質問《しつもん》されたので、**めんくらっ**てしまった。

もしもし

意味《いみ》

人《ひと》によびかけるときの言葉《ことば》。電話《でんわ》で話《はな》しかけるとき、さいしょに使《つか》われることが多《おお》い。

語源《ごげん》

もとは「申《もう》す」から生《う》まれた言葉《ことば》。「申《もう》し上《あ》げます」が「申《もう》す、申《もう》す」となり、さらに「申《もう》し、申《もう》し」、「もしもし」と変化《へんか》してきた言葉《ことば》である。英語《えいご》の「ハロー」に当《あ》たる言葉《ことば》として、日本《にほん》に電話《でんわ》が伝《つた》わった、明治時代以降《めいじじだいいこう》に使《つか》われるようになった。江戸時代《えどじだい》には、見知《みし》らぬ人《ひと》に声《こえ》をかけるとき、「もし」と声《こえ》をかけたが、これも「申《もう》す」の意味《いみ》である。「もし」は、現代《げんだい》では「あのぅ」という言葉《ことば》になる。

外国語《がいこくご》のもしもし

「ハロー」や「アロー」が多《おお》い。「ウェイウェイ」（中国《ちゅうごく》）、ヨボセヨ（韓国《かんこく》）、オラ、オイガ（スペイン）、プロント（イタリア）というのもある。

やじうま

ワイ ワイ
なにかあったのかな
いん石《せき》が落《お》ちてきたっていうことらしいわ
ちがうよ、ベランダからしんせきが落《お》ちたんだって
そういうことかぁ聞《き》きまちがいにこんなにたくさんのやじうまが集《あつ》まったのね
どっちもたいへんだけど…

意味《いみ》

興味本位《きょうみほんい》で見物《けんぶつ》に集《あつ》まること。また、その人《ひと》。自分《じぶん》に関係《かんけい》のないことでも、おもしろがって見物《けんぶつ》しようと集《あつ》まる人《ひと》。

語源《ごげん》

「やじうま」は漢字《かんじ》で「野次馬《やじうま》」と書《か》くが、もとは「親父馬《おやじうま》」という言葉《ことば》だった。これは年老《としお》いた馬《うま》の意味《いみ》である。年老《としお》いた馬《うま》は体力《たいりょく》がおとろえ、仕事《しごと》には使《つか》えない。「親父馬《おやじうま》（なんの役《やく》にも立《た》たない）」の意味《いみ》が少《すこ》しずつ変化《へんか》して、自分《じぶん》に関係《かんけい》ないことをやたらとさわぎたてる人《ひと》や、おもしろがって見物《けんぶつ》に集《あつ》まってくる無責任《むせきにん》な人《ひと》のことを、「野次《やじ》馬《うま》」とよぶようになった。

使《つか》い方《かた》

お相撲《すもう》さんとプロレスラーがけんかしているというので、見《み》にいこうとしたら、お母《かあ》さんに「あんたも、**やじうまねえ**」と言《い》われた。

用心棒《ようじんぼう》

あ、あの人《ひと》たち
用心棒《ようじんぼう》だな
いまふうにいうとボディガードですね
ワン
ギクッ
わ〜犬苦手《いぬにがて》
ありゃ役《やく》に立《た》たないな

意味《いみ》

身《み》の安全《あんぜん》を守《まも》るために、その人《ひと》の近《ちか》くについて行動《こうどう》をともにする人《ひと》。ボディガードともよばれ、屈強《くっきょう》な男子《だんし》であることが多《おお》い。

語源《ごげん》

もともとは、用心《ようじん》のために準備《じゅんび》しておく棒《ぼう》のことをいった。防犯《ぼうはん》として使用《しよう》され、盗賊《とうぞく》や自分《じぶん》を傷《きず》つけようとする者《もの》から身《み》を守《まも》るために、用意《ようい》していた。近世末期《きんせいまっき》には、それが転《てん》じて、身《み》を守《まも》ってくれる警護《けいご》の人《ひと》のことをいうようになった。むかしは、どこの家《いえ》も引《ひ》き戸《ど》だったので、その引《ひ》き戸《ど》が外《そと》から開《あ》けられないように、中《なか》から押《お》さえるつっかい棒《ぼう》のことも、同《おな》じく「用心棒《ようじんぼう》」といった。心張《しんば》り棒《ぼう》ともいう。

使《つか》い方《かた》

あの家《いえ》で飼《か》っている犬《いぬ》は、大《おお》きくてよくほえる。まるで用心棒《ようじんぼう》みたいだから、泥棒《どろぼう》も入《はい》らないだろう。

よもやま話《ばなし》

意味《いみ》

たわいのない世間話《せけんばなし》。いろいろな話題《わだい》の雑談《ざつだん》。

語源《ごげん》

「よもやま」を漢字《かんじ》で書《か》くと「四方山《よもやま》」となり、文字《もじ》どおり「四方《しほう》にある山《やま》」「周囲《しゅうい》の山《やま》」という意味《いみ》で使《つか》われた。しかし、よもやま話《ばなし》の「四方山《よもやま》」の語源《ごげん》は、「山《やま》」ではなく「八方《やも》」、つまり「四方八方《しほうはっぽう》」が変化《へんか》したものという説《せつ》が有力《ゆうりょく》である。「四方八方《しほうはっぽう》」は、「いろいろなところ」「世間《せけん》」といった意味《いみ》を持《も》つことから、いろいろ雑多《ざった》な話題《わだい》のことを「よもやま話《ばなし》」というようになった。

使《つか》い方《かた》

お母《かあ》さんの買《か》いものにつきあったら、途中《とちゅう》で知《し》り合《あ》いの人《ひと》に会《あ》って、**よもやま話《ばなし》**がはじまった。いや、その長《なが》いこと…。

りゅういんが下《さ》がる

ジョンのチーム今回《こんかい》は勝《か》ちそうですね
きのうまで十連敗《れんぱい》していたんですもの
これで少《すこ》しはりゅういんが下《さ》がるわ
パラパラ
あ…雨《あめ》
ザザ――ッ
ノーゲームだって
下《さ》がったりゅういんまたもどってきちゃったね

意味《いみ》

不満《ふまん》や不平《ふへい》、言《い》いたくても言《い》えなかったことなどが解消《かいしょう》し、気分《きぶん》がすっきりすること。

語源《ごげん》

消化不良《しょうかふりょう》を起《お》こした人《ひと》の胃《い》の中《なか》は、食《た》べものがうまく消化《しょうか》されずにたまった状態《じょうたい》になる。そのため、酸《す》っぱいような苦《にが》いような、不快《ふかい》な味《あじ》の胃液《いえき》がこみ上《あ》げてくる。これが「りゅういん」である。その胸《むね》につかえていた「りゅういん」が下《さ》がるというのだから、「気《き》になっていたことや不満《ふまん》に思《おも》っていたことがなくなり、胸《むね》がすっきりすること」を示《しめ》す言葉《ことば》となった。

使《つか》い方《かた》

運動会《うんどうかい》でようやくぼくたち紅組《あかぐみ》が勝利《しょうり》して、なんとかりゅういんが下《さ》がった。いつも白組《しろぐみ》にやられっぱなしだったからなぁ。

るつぼ

そこだー
ゴールだ!!
わーっ
やったー
会場全体《かいじょうぜんたい》が興奮《こうふん》のるつぼと化《か》してきたな
あ〜〜
ああ、相手《あいて》チームに点《てん》が!!
シーーン
……
るつぼの火《ひ》が消《き》えた…かな

意味《いみ》

物《もの》を高温《こうおん》で熱《ねっ》したり、溶《と》かしたりするための容器《ようき》。いろいろなものが入《い》りまじった状態《じょうたい》。

語源《ごげん》

「るつぼ」は「る」と「壺《つぼ》」の組《く》み合《あ》わせでできた言葉《ことば》といわれている。「る」には、「炉《ろ》」や「鋳《い》る」など、いくつかの説《せつ》がある。本来《ほんらい》の意味《いみ》のほかにも、熱気《ねっき》に満《み》ちあふれている状態《じょうたい》や、感情《かんじょう》がはげしく高《たか》ぶった状態《じょうたい》を「興奮《こうふん》のるつぼ」と言《い》ったり、たとえば「人種《じんしゅ》のるつぼ」のように、いろいろなものが混《ま》ざっている状態《じょうたい》や、その場所《ばしょ》についても使《つか》ったりする。

使《つか》い方《かた》

テレビでアイドルのコンサートをやっていた。ホールが興奮《こうふん》のるつぼと化《か》して大《おお》さわぎ。肝心《かんじん》の歌《うた》がちっとも聞《き》こえない。

わくわく

この映画《えいが》大人気《だいにんき》ね
早《はや》くみたいねわくわくするぜ
わくわくしますね
シューインも映画《えいが》でそんなにわくわくするんだ
いえ…
早《はや》くポップコーンを食《た》べたくてわくわくしているんです

意味《いみ》

楽《たの》しいことが待《ま》っているときや、なにかを期待《きたい》しているときに、うれしくて気持《きも》ちがおちつかないこと。

語源《ごげん》

水《みず》を熱《ねっ》して沸騰《ふっとう》させることを「お湯《ゆ》が沸《わ》く」という。「わくわく」は、この「沸《わ》く」から生《う》まれた言葉《ことば》。この「沸《わ》く」は、「勝利《しょうり》に沸《わ》く」や「会場《かいじょう》がドッと沸《わ》く」など、はげしく感情《かんじょう》が高《たか》ぶり、熱狂《ねっきょう》することをあらわしている。いまではもっぱら、喜《よろこ》びや期待《きたい》したときに使《つか》われるが、心配《しんぱい》でおちつきがないときにも使《つか》われていた。江戸時代《えどじだい》には「わくつく」という言葉《ことば》があり、「わくわくする」と同《おな》じ意味《いみ》で使《つか》われた。

似《に》た意味《いみ》の言葉《ことば》

- **上《じょう》きげん**…きげんがよいこと。
- **うきうき**…心《こころ》がはずむ楽《たの》しい気分《きぶん》。

さくいん

さくいん

主な参考文献

・『日本語源大辞典』　小学館
・『語源海』　東京書籍
・『日本語ことばのルーツ探し』　祥伝社黄金文庫
・『にほんご語源教科書』　ソフトマジック
・『話のネタがどんどん増える「語源」の話』　青春出版社
・『まんが語源なんでも事典』　金の星社
・『暮らしのことば　新語源辞典』　講談社
・『なぜなに大語源』　ポプラ社
・『〈目からウロコの〉日本語「語源」辞典』　学習研究社
・『語源の楽しみ』　めこん
・『ことばの由来』　岩波新書

ブックデザイン　高木菜穂子（ライムライト）
カバーイラスト　榊原唯幸
本文イラスト　手丸かのこ
校　正　志村由紀枝
編集協力　川原みゆき

国語《こくご》おもしろ発見《はっけん》クラブ
語源《ごげん》

発行　2013年3月　初版1刷

著　者　山口　理
発行者　今村正樹
発行所　株式会社 偕成社《かいせいしゃ》
〒162-8450 東京都新宿区市谷砂土原町3-5
電話(03)3260-3221（販売部）
(03)3260-3229（編集部）
http://www.kaiseisha.co.jp/

印刷
製本　大日本印刷(株)

ISBN978-4-03-629860-0　NDC810　183p.　21cm

Published by KAISEISHA. Printed in Japan.